AQUARIUS

AQUARIUS

AQUARIUS

AQUARIUS

Catcher

一如《麥田捕手》的主角，
我們站在危險的崖邊，
抓住每一個跑向懸崖的孩子。
Catcher，是對孩子的一生守護。

帶孩子到這世界的初衷

李佳燕醫師的親子門診

李佳燕醫師

【推薦序二】

孩子不是縮小版的大人

◎米米（一下迷路一下爆走）

初識佳燕醫師時，一度只見她為兒童仗義的俠女風範，後來才逐漸發現，我們這位姊姊，可不是個三言兩語就能草草結案的簡單人物啊！

十足的性情中人，佳燕的生活過得既醋咪又精采，平時行醫助人是工作，同時還身兼兒童公益執行者，出書、講座、工作坊、親子電影節……日理萬機，忙得不可開交。但是每在進了家門後，只需一個華麗轉身，瞬間又成了廚藝精湛的老婆以及最開朗的老媽。

切換在專業白袍與小碎花圍裙之間游刃有餘，這麼多才多藝，絕對是資深過動兒的典型表現。

身為佳燕的忠實粉絲，老木日日追隨發文，就像追劇般的心情，我看著良醫救身體的病，也醫心裡的傷。這齣劇，最引人入勝的部分莫過於主角的人格特質了，幾乎有點像是女性版的黑傑克或豪斯，她的行醫風格，早已超越了僅僅是一份工作的概念。說實在的，佳燕都到了可以做嬤的年齡了，但你在這樣一位資深名醫的身上，怎麼也嗅不出社會化的氣息，在她的字裡行間，甚至還有種行為與實際年齡不符的狀態，她捍衛過動症兒童的那份勇敢，即使得罪主流也在所不惜，無論是醫界或教育界皆是，為了「做對的事」毫無妥協的餘地，活脫脫是個青春期過不完的熱血少年啊！

後來，特別是她的那一句「孩子不是縮小版的大人」，對我影響至深。短短幾個字，使我不快樂的童年獲得了救贖，也為我和兩個孩子的親子關係歸納出最美麗的看待。我總在佳燕爭取兒童權益的過程中讀到兩件事，一者，是她看似潑辣地抵禦主流價值時，卻充滿了極溫柔的母性光芒；二者，則是她內在裡那個長不大的小孩，因為長不大，所以比誰都懂孩子，就像個孩子王一樣的，這位大孩子，正奮力地保護著台灣的每一個小孩子。

這本《帶孩子到這世界的初衷》，有孩子的該看，為人父母為親子關係投資養分是天經地義的事；而沒孩子，還更該看呢！

老木為什麼這麼說呢？

那是因為，這本書，給了你一個機會，一個讓你與你心裡那個受傷的孩子，好好和解的機會。

【推薦序二】

以關愛入藥的良醫

◎吳曉樂（《你的孩子不是你的孩子》作者）

過往，在閱讀李佳燕醫師在臉書上發表的文章時，總覺得她在從事的，是以寧靜且緩慢的方式，推動的一場小小革命。她試圖要顛覆的，絕不僅止於傳統的親子上下從屬關係，也包括在這個一切講求效率的時代，我們是否還願意給予一項珍貴的禮物，時間。是的，沒有什麼禮物比時間更可貴。在佳燕醫師的文章中，屢屢提及幼兒園的意義，無非是讓孩童感受到安全與飽足，但時下「不能讓孩子輸在起跑點」的魔咒，卻緊箍著所有父母的心，成人們於是安排了一連串的「測驗」，製造出一批批挫敗的孩童與父母。在這個例子中，父母拿走了「童年」。

也像是〈重考〉這一篇，在父母的盼望下，一週補習七天，連家族聚餐，也得把書籍帶到餐廳的女孩；或是散見於各篇，孩子們因為無法快速地習得某項知識，遭到親友師長的打罵，甚至是，師長們認為孩子的反應「超乎個人經驗」，急忙帶著孩子到診間，要求醫生趕快做點什麼，讓孩子速速回到軌道上。一則又一則故事讀下來，我們不難觀察到，孩子們時常得不到「時間」這項寶貴的禮物，大人們把成人世界對於時效的執著，注入了孩子的世界中。

我們明知揠苗助長的副作用，但站在孩子的面前，我們又時時忍不住伸出手來，一吋吋地往上捏，於是這些青澀的幼苗們，因為底部跟土壤失去了聯繫，反而吸收不到足夠的養分，表面上，他們比原本還要更高聳了些，但內心實則逐漸荒枯……我們時常說，孩子是國家未來的主人翁，但在養成這些主人翁的過程中，成人們交給孩子們的一切，究竟是讓他們在後續的人生中，具備承擔與任事的決心，還是因為打從小時候，反覆地被大人否定，於是在成人之後，仍帶著這份瘡疤，誠惶誠恐地過日子？大江健三郎在《為什麼孩子要上學》一書中，曾提出個人的質疑：若我們明知一個教育的系統是有缺陷的，還要毫無保留地接受嗎？在書中，佳燕醫師也反覆地叩問著：若我們開始意識到，孩子的世界中，有些現象並不對勁，究竟，我們是要為孩子破除這些奇異的標準與要求，還是說，我們竟被說服，甚至反過來，主動為孩子上了枷鎖？

佳燕醫師提出這個難題，那她有沒有交出答案呢？我認為，〈叛逆期〉一章，就是她的回覆。透過「叛逆期」這三個字的反覆推敲，以及佳燕醫師自述跟兒子的相處，展現了兩個路線的來回擺盪：父母總是忍不住想要拿些什麼來拴住孩子，像是韁繩，父母認為唯有如此，才可以確保孩子的進展，都落在合理與安全的範圍之內，卻忽略了，孩子漸漸會長出自己的觀點，這個曾經確保他安危的韁繩，隨著他的茁壯，竟也成了限制他大展長才的桎梏。這時候，父母是給孩子卸下韁繩好呢？還是請孩子再忍忍，讓他們心安好呢？這不會是一朝一夕就能取得的共識，往往是一場親子長久的斡旋和對話。過程中，雙方的內心都難免會滲點血，佳燕醫師何嘗沒有，但她沒有將溝通不順遂的失敗，以及孩子拒絕聽從自己要求的苦悶，扔擲到孩子身上；相反地，她深切反省，並從中醒悟了，卸下韁繩，讓孩子盡情奔跑。父母雖然會因放手而難免空虛，然而看著孩子盡情地馳騁，何嘗不是另一種圓滿？

最後，由於佳燕醫師太含蓄，我只得主動提及一件小事，讓讀者能夠更加立體地認識這一位，不僅醫病，更是療心的好醫生。有一回，跟佳燕醫師共同參加一場座談會，席間一位媽媽因為「孩子的成績不理想」，焦慮得淚流不止。照理說，見到一位如此傷心的母親，就站在自己的眼前，常人的情緒，很難不受到牽引，進而對那位母親表達出撫慰的心意吧？沒想到，佳燕醫師一執起麥克風，問的問題卻是：「孩子的成績不理想，是你的問題，還是孩子的問題呢？」那位母親一愣，佳燕醫師又說：「是孩子自己看到成績不好，很難過？還是孩子接受了，甚至對於成績沒那麼在意，可是父母卻告知孩子，他們很難過？」此際，整個座談會的空間，靜得連呼吸聲都像是噪音，那名母親彆扭地說：「看到他考這樣，我很挫折。」佳燕醫師徐徐，卻不失堅定地告訴那位母親：「那你得分清楚，這是誰的問題。是孩子有焦慮呢？還是孩子好好的，父母卻把自己的焦慮，變成了孩子的焦慮呢？」語畢，不僅佳燕醫師，所有人都等待著那位母親的回覆。那位母親又落淚了，她點點說：「你說得對，這是我的焦慮，我卻一直跟別人埋怨，說這是我孩子的問題。」聽到這段話，我對於佳燕醫師的「醫術」，變得更加信服。有多少人能夠做到這樣？在寥寥數語間，把一個盤根錯節的傷口，瞬間清理得清澈明晰。父母有為人父母的煎熬，但，佳燕醫師慎重提醒，再怎麼煎熬，也不要在無形間把自己的煎熬悄悄地轉化為孩子的煎熬。讓孩子做孩子，這是佳燕醫師朗朗上口的追求，而她不僅親身實踐，也透過議題的推動，讓父母可以更自在地做父母，而不要一再地落入親子相互折磨、相互辜負的劇本中。

聽完這則故事，還能不對於這位神奇醫師的所見所聞感到興趣嗎？

【推薦序三】

一本返回多樣人性的練習簿

◎幸佳慧（兒童工作者）

「讓孩子聽話的五大祕方」、「孩子有效學習的六大祕訣」、「七招讓孩子為自己負責」、「孩子成功的八大神技」、「父母必備的馭兒十法」……

這些年，為人父母一上網就被這些標題文給洗版，眼看勝利組大船加速前進，很難不心慌，深怕自己沒跟上任何祕訣招數，萬一誤了孩子，讓他滑到了船尾，一不小心就「噗通」翻進了汪洋大海。

就因為這種恐慌症，大人再也不想聽孩子說學校發生的事，那些對他來說千篇一律，他甚至也不聽其他人說其他孩子的事了，冗長故事講的是情緒變化，而料理情緒是費時且徒勞的，按表練功才務實、有前途。他多收集一個招數就多個安心，只要各方祕訣在手，孩子的勝利也在望。

於是，我們的孩子個個是知識、技能小巨人，武功高強，心靈情感卻小如豆，若非乾癟，也受潮、發霉，才剛冒出的嫩芽便奄奄一息如風中殘燭。

偶爾，大人會聽說誰家孩子變壞了、誰家孩子休學了、誰家孩子成績一落千丈、誰的孩子不回家、誰的孩子闖禍了、誰的孩子在看精神科醫師……喔，但那些都不會是他的孩子，他不想浪費時間知道原因，眼前的孩子有穿有吃會乖乖上學就好。儘管他的孩子也萌生過那些念頭，但他不想知道也不願意相信，因為他的犧牲絕不能白費。

大人有他們的優勢，他們很會說話，說得連謊話都信以為真；他們也很會演戲，演得以為自己是聖人。可是，孩子也有天賦，他們是天生的測謊師、偵探家，一旦孩子看破大人的虛偽不一，他們就不再說實話了。他們順著世界運作的法則，對自己半哄半騙，乖乖配合或許是妥協於一頓飯或一張床，但更多時候是因為他們內在還沒死透的小芽仍渴望有天被真心理解的愛給澆灌、喚醒，直到無路可走的那天，他們只好掀桌攤牌……

這些情景，天天在佳燕醫師的診間上演。

去過佳燕的診間，會知道那是個大人跟孩子齊平的世界，她的聽診器、桌椅、櫃子都是孩子探索的玩具。很多孩子生平第一次在那裡遇到知己，有些孩子因此換了一個人生跑道。大人帶著生病的孩子前去，但她看的不是孩子的身體，更是孩子的心理；她看的不是孩子的毛病，還是大人的問題。

她常介入小病人的家庭、學校，甚至老遠跑到其他縣市會面孩子。她其實不該這樣，這會惹來更多麻煩，有時她甚至被家長恐嚇。但她沒辦法看著孩子內在還發著微光的精靈被殘忍的世界捻熄，雖然她無法給他們全然的愛。她試著讓那些受創的孩子知道，這世界還有一張願意真心聽他們說話的臉龐，也還有其他透著光的出口。

很多孩子吵著要去看她，一些孩子會私下偷偷去看她，孩子長大了仍持續回診所找她。她當然幫不了每個孩子，看著孩子被高牆擋下或被巨石壓住，她無畏地拍牆擊石後，也只能默等契機。有時距離拉長後，她看到孩子巨大的變化，揪著心只能給出祝福的擁抱。

當她看到孩子在種種以愛為名、實為欺壓他們的社會殺出重圍做自己，她會因此高歌起舞，比孩子的家人更感到驕傲、開心，只是這種機會當然不多。她看診大半生，頭髮花白了也不准自己的心稍有麻痺或降溫，她允許自己在病人前跟他們抱頭啜泣，更常的是她關起門來自己痛哭。

這本書，她寫別人的孩子、寫自己的孩子、也寫還是孩子的自己。她所拋出的問題，或許連教育者都沒想過：為何畢業典禮上沒有「善良獎狀」？難道學校以教出會考試的學生為榮，卻不以保有或發覺孩子的善良本質為傲？她從自己吊車尾的孩子身上驚覺，當我們這個社會動不動批判他人貧血的同情、同理心時，事實上扼殺每個孩子高尚心智的，正是大人既擁護又跟從的——事事計較名次排行的教育。

當我們依循重點或要點式的神技密法照表練兵，人類的樣貌會逐漸變少甚且趨於樣板，我們從孩子身上拿走的不是痛苦或缺陷，而是人性。養孩子若有懶人包，人類還是人類嗎？這本書不給公式，只講故事，一個個活生生的個體故事，自然有很多孩子的情緒。然而，情緒本身豈是胡扯瞎鬧，它們其實都在反應問題、講道理，只是換個方式表達而已。

好好坐下來讀這些故事，這是一本將人類該有的、多樣的人性返回的練習簿。這些診間故事，不只帶我們回想我們帶孩子來這世界的初衷，也點醒我們身為人類該有的初心。

【自序】

生來不完美，才瞭解不完美的完美

兩年前，我和朋友辦了一場給大人看的親子影展。希望大人看了電影，能了解孩子的壞不是壞，叛逆不是叛逆，但痛是真的痛，而悲傷，也是真的悲傷。

為了籌募影展經費，我到某扶輪社演講，談注意力不足過動兒。演講完，一位會員舉手發問：「請問李醫師，真的有這種病嗎？」另一位會員也接著問：「如果真有這種病，健保有給付嗎？」

我已經演講過無數次這類型的演講，卻是第一次遇到這樣的提問。

我很自然地點頭說：「有。」

結果惹來滿堂三十多位走遍世界、在社會打滾數十年的大老闆們，像是看了一場卓別林的黑白默片般，他們笑了。

他們說：「李醫師，我告訴你，你眼前的這些人通通都得了這種病。你以為我們從小是怎麼長大的。我們是在處罰、記過、打罵中長大的。」

一位威嚴與威望兼具，講起話來中氣十足的老闆刻意站起來分享：「你知道我小時候的綽號嗎？就叫『尖屁股』。你知道為什麼叫尖屁股嗎？因為上課永遠坐不住，老師說：『你尖屁股嗎？為什麼坐不住？』那一位老師姓方。我調皮地回答老師：『我當然是尖屁股啊，難道我是方屁股嗎？』然後，我馬上就又被處罰了……」

這兩道提問，混著滿堂透露著荒謬的笑聲，伴我一路沉吟，反芻至今。

當年的「好」學生、「乖」孩子，後來都到哪裡去了？是在學校執教鞭當老師？還是在醫院著白袍當醫師？而其他被嫌棄的「壞」學生呢？他們在世界各地開疆闢土、冒險衝刺嗎？

什麼才是好？壞是真的壞了嗎？又是誰來認定這樣就是壞呢？

我雖然是一位醫生——市面上認定必然是既聰穎又乖巧的好孩子——可是，我不是。

從小，我的父母就喚我「大粗獃」。當所有的兄弟姊妹都提早入學，卻唯獨留我這個年尾才出生的小孩，因為父母深恐我跟不上其他的孩子。

如果依照現在習於以「疾病化」來詮釋孩子各種不符合模範版本的特質，那麼，對我的診斷大概會是「感覺統合失調」吧。

我左右分不清、會尿濕褲子、動不動就跌倒、經常摔破東西、跑不動、字寫得歪七扭八，還會漏字跳字……感謝那個醫療落後的年代，大人忙於生計，無暇理小孩，我得以帶著各種缺陷自由自在地長大。

當我漸漸懂事，讀了一些書，也建構起自己的價值觀與思維架構時，我開始質疑社會的約定俗成，也開始挑戰起學校的各種規範。

讀小學時，我便舉手，質問老師：「為什麼要聽父母的話？他們經常說錯話啊。」國中時，我站到升旗台上，要求有冷氣可吹的校長，不要感受不到我們學生的熱。高中時，我視考試為無意義、干擾思考的雜事。結婚後，我加入「婦女新知協會」，後來還擔任理事長，反對性別的不平等，爭取性別平權。這些種種，讓父母改叫我為「怪胎」。

感謝四十年前，還沒有「對立反抗症」的病名。

直到兒子降臨，開啟了我人生另一個學習的旅程。

我曾經陪著兒子觀看朋友寄來的短片，標題是《天使》。影片述說著人一生會遇到許多天使，有些天使使人受挫，但是卻讓你學會更多的能力。影片搭配著希臘歌星娜娜唱的〈天使〉，當時才十歲的兒子看完影片，他仰起頭來望著我，眼神清澈，如無塵湖水，接著，兒子非常慎重地告訴我：「我知道了，那些欺負我的小朋友是我的天使，他們在教我如何交朋友。」

如果我開始能感受到孩子的天真，純樸如玉，那是因為兒子喚回了我的童真；如果我看到孩子笑得燦爛，如牡丹盛開，也會跟著含笑一整天，那是因為兒子經常笑到從椅子上滾下來，那笑聲有著人類最純粹的歡愉；如果我對孩子動個沒完、老是說不聽，能寬心看待，那是因為兒子總會說出個道理來，而那是大人遺忘了屬於孩子的道理；如果我終於能探尋到孩子隱藏在憤怒背後未說出口的創傷，那是因為兒子讓我明瞭：不要小看，更不要少看了孩子的生存艱難，他們也是在自己的戰鬥叢林中掙扎求生；如果我會心疼流淚泣訴的孩子，那是因為愛著兒子，使我有能量擁抱著其他小孩。

如果，我對於孩子諸多的冒犯、惹禍、不服從管教，好像能如同慢慢掀開布幔般，窺見隱藏在這些「不良」行為後的委屈與受傷，那是因為我生來亦「不良」，那些委屈與受傷，壓箱於我的記憶深處，熟悉如我自己的身影。

如今，我依舊是個愛四處唱反調的大人。我沒有方向感、經常開車亂撞、搖腳搖不停、隨時會摔破杯盤碗碟、晚上晚晚睡，早上早早跳起來躺不住、耐不住無聊，每天都要找新鮮事來玩，連看診的時候，也需要聽聽音樂、玩玩小孩，才有辦法繼續看診的醫生。

如果人生可以重來，我還會希望自己是一位醫生嗎？

不，如果人生真如戲，我將不再選擇白袍上身、終日與藥為伍的角色，我要辦一所學校。一所從幼兒園到中學，還附安親的學校。

（感謝寶瓶純玲找上我，以柔情鼓勵一向愛玩疏懶的我，把診間這些孩子的故事，化為文字。每一則孩子的故事，都不只是一個孩子，是無數個孩子的融合。是你，也是我。當然也要感謝總是唱我反調的親密愛人，你讓我相信鐵杵終能磨成繡花針，反調也能正回來。）

目錄

輯一　爸爸媽媽，你們是愛我的成績，還是愛我？

輯二 大人們，你們究竟要把我變成什麼樣的孩子啊？

目錄

輯三

爸爸媽媽，如果我選擇的人生，不是你們所希望的，你們還會愛我嗎？

輯一

爸爸媽媽，你們是愛我的成績，還是愛我？

二十分鐘

母親：「二十分鐘可以背多少英文單字啊。」

「你認為我們歷經千辛萬苦，生下小孩，再辛苦拉拔他長大，對他的期待是什麼？」

「當然就是希望他能健康、快樂的長大啊。」

「你說謊……說到你自己都信以為真了。」

聽到我的不遜之言，坐在我對面的這位母親，臉上有幾分疑惑，但更多的是震撼和惱火。

原本她正低頭描述孩子令她擔心的諸多「症狀」，一聽到我這麼說，她的頭高高揚起，一副不敢置信的表情，瞪大眼，盯著我。

我想她心裡疑惑的應該是，這不是一位號稱很有耐心與愛心的醫師嗎？怎麼會如此出口傷人。

我承認，那一天，我確實失去了耐性，當我聽著一位母親述說著八歲女孩的生活安排。

那是一個再尋常不過的看診日，一個小女孩又因為發燒、感冒、咳嗽而來。說「又」，是因為這女孩幾乎每個月都會來報到。

小孩如果剛上幼兒園，會因感染病毒、細菌，頻繁出入診所，這是可預期的，因為孩子就像是剛從溫室被挪到充滿各種病毒、細菌的大染缸一樣。

我總是安撫心急如焚的父母們，不必擔心。等孩子讀到幼兒園大班或上小學之後，他們的免疫能力自然增強，便不會如此經常生病了。

可是這小女孩，已經讀小學三年級了。她完全打破我告訴父母的通則，依舊每個月都來報到，像是在說著：「醫生，你料錯了。」

初始幾次的看診，我只感受到母親的身形匆忙。總是母親先來掛號，而不見孩子來。

母親一掛完號，就急忙轉身離去。沒多久後，便是一通又一通，母親打到診所的電話，詢問現在看到幾號了。

這母親好似已經練就一身抓準時間的絕地功夫，她絕對能在輪到小女孩看診前的五分鐘，才出現在診所門口。

有一回，母親恰好帶著女孩一起來掛號，因為只需要等待三位病人，便輪到她們看診。

掛號人員告訴母親：「不會等很久了。大概只需要等二十幾分鐘。你們就在診所等吧，不必回家了。」

結果，母親的回答，讓所有的人都傻眼。

「二十分鐘也是時間啊。我們就住附近，二十分鐘可以背多少英文單字啊。」

這是第一次的震撼，我也沒有想太多。只想著這位母親生活步驟如此緊繃，未免太辛苦了。

可是，孩子一而再地生病，讓我納悶，為什麼這小女孩的身體抵抗力如此虛弱呢？望著身形稍瘦小的女孩，我詢問了孩子的飲食。倒也四平八穩，沒有明顯的偏食。接著問了孩子的生活作息，卻讓我震驚到瞠目結舌。

「孩子每天上午六點起床。」

小孩不是七點二十分才上學嗎？為什麼需要這麼早起床呢？

「爸爸會帶她去跑操場，運動一下。你說過小孩一直坐著讀書，缺乏運動是不好的。運動很重要啊，不是嗎？」

我覺得很讚啊。只是孩子這麼早起床，不會賴床嗎？

「當然會啊。不過，我和爸爸會把她抱起來，到浴室洗把臉，她就醒來了啊。」

孩子被如此強迫喚醒，一般會哭鬧。女孩不會嗎？

「剛開始當然會啊！可是，一次、兩次、三次，她也慢慢習慣了。」

我有點錯亂了。運動自然是需要的，也是現在每天呆坐在書桌前，從教室坐到安親班、補習班，坐到家裡的臥室，一坐，就坐了十二個小時的台灣孩子，極度缺乏的健康生長要素。

可是，為了運動，卻剝奪孩子睡眠的時間，這實在有待商榷啊。

放學之後的生活安排呢？

「四點放學，安親班會到學校門口接她。她到安親班寫學校作業，寫完後，會另外有安親班給的功課和考試。到六點多，我們再去接她。」

聽完，我當下其實心裡鬆了一口氣。

八歲的小女孩，從上午六點起床，忙累了一整天，終於可以回家休息，好好與家人相聚，共吃一頓晚餐了。

「我會先買好便當，讓她在車上時趕快吃一吃，再接她去補習班。」

補習班，天啊，不是回家，是再送去補習班。

才八歲的孩子，補什麼習啊？這孩子連與家人同享晚餐的時間都排不進行程裡。

「星期一和星期三補英文。醫生，你應該知道英文很重要，未來能不能捧到金飯碗，可能就靠它了。如果只上學校的英文課，怎麼比得過其他同學呢？有的孩子每個寒、暑假都出國遊學，英語講得嚇嚇叫。如果我們不更努力，不要說贏過別人，我看我們只好在後面追那些遊學同學的背影，追得喘吁吁了。」

「星期二和星期四補日文，星期五補數學。」

補日文？補日文？補日文。我以為自己聽錯了，請女孩的母親再說一遍，確定是補日文。

八歲的孩子為什麼要補日文？在中文的學習才剛起步，英文更是在牙牙學語的階段，竟然又多了第三種文法完全不同的語言，需要學習。何苦為難孩子啊。

「醫生，我看你整天在小小的診間裡面，外面的世界有多競爭，你可能不瞭解。會說英語的小孩，滿街都是啊，沒有什麼稀罕了。但是，如果我女兒比別人多了一種語言的能力，永遠不怕被別人趕上。」

補習是從七點補到九點，回到家，洗完澡，已經十點。但家裡的操練，卻才剛掀起布幕。

女孩坐到鋼琴前，練習一個小時的鋼琴。

「女孩以後準備讀音樂系嗎？」

「沒有，我的女兒沒有要讀音樂系，我只是希望她多才多藝，不要只會死讀書。音樂可以培養氣質，還能陶冶性情，是很好的才藝啊。人家不是說學音樂的孩子不會變壞嗎？」

週一補習補到週五。女孩過的日子像是布滿補丁，一塊塊靠補綴才能連續的人生。

我抱著最後一絲希望，週六、週日總該可以在家休息，或玩玩具，或發呆作白日夢了吧。這是孩子所以是孩子的最後一塊堡壘了啊。

「有啦，週末當然可以玩，只需要上鋼琴課和自然實驗課，這就是在玩啊，根本不會累，才對吧。」

我望著眼前這位母親，盡量壓抑我的怒氣。

我提醒她：「孩子才八歲。你不覺得這樣生活，對才八歲的她而言，太可憐了嗎？」

「不會啊，因為我告訴她：『我們要先苦後甘，不要先甘後苦。』」

這樣的苦，不會後甘。只會讓孩子回想起童年時，不堪回首。

當母親說她對孩子的期待就是「希望她能健康、快樂長大」時，我知道那不是「口是心非」一言可蔽之的。

可悲的是，她自己也深信不疑。

一切都是為你好

我放棄我的人生，只為了不想讓父母傷心。

「你們有任何醫生問過我，從小我的媽媽是怎麼養育我的嗎？你們醫生只會開藥，只會開藥。我吃過多少醫生開的藥了。你知道嗎？你以為我那麼愛吃藥嗎？」

女孩在我的診間狂飆。

接著，她把從各家醫院、診所領的藥，有好幾袋，一一從我的診間門口丟出去。

然後，趴在診療桌上，雙肩起伏、抽動地嚎哭了起來。

我抽了幾張面紙給女孩，拍拍她的背，輕聲告訴她：「我願意聽你說……你慢慢說。」

女孩抬起頭，眼角還掛著淚水，但卻發出惡狠狠的眼神，盯著我。

「你們醫生看診這麼忙，怎麼可能聽我說落落長的故事？你別騙人了。」

「我沒有騙人。你就說說看。從你母親怎麼養育你，開始說起吧。」

女孩坐直了身子。擦乾淚水，擤完鼻涕，但口氣仍然是憤恨難平。

「從小，大家都說我是我們家最聰明的小孩。我姊姊很乖、很聽話，可是反應和記憶力差我很多，我成了爸爸、媽媽想望未來美好人生的投注站。

「從小學一年級開始，媽媽就緊盯著我每一次的月考。只要我沒有考一百分，即使是九十九分、九十八分。明明老師說我考得已經很不錯了，但是，她才不管，也不問其他同學考得如何。只要看到我的考卷沒有一百分，她的巴掌就往我兩頰送過來。

「我爸爸呢？他反正就是孬種。我媽要他往西，他從不敢往東。當他看到媽媽打我時，卻好像沒有看到一樣。對，簡直就是視若無睹。

「我媽媽的眼中只有考試成績。除了分數，就還是分數。小學三年級，學校舉行樂高積木大賽，我拿到全校第一名。老師誇讚我不僅會讀書，頭腦也靈活。

「我很高興的拿獎狀回家給媽媽看，本來以為我會得到媽媽的誇獎。結果，媽媽把那一張獎狀揉成一團，直接丟到垃圾桶裡，還罵我：『不讀書，玩什麼樂高積木。玩樂高積木，對考試有用嗎？可以加分嗎？你以後靠玩樂高積木上台大嗎？』」

女孩一路過關斬將，母親每天伴讀。

小學畢業時，女孩如願捧著市長獎回家。

國中時，女孩明明跑得很快，媽媽卻不知道從哪裡變來了一張診斷書，說女孩不適合參加運動會，因此校運會時，即使操場全校歡騰，加油、吶喊聲響徹雲霄。唯獨女孩，她只能安靜地留在教室裡讀書。

全校的拔河競賽，女孩的母親更是直接打電話到學務處，大聲怒罵組長：「我女兒讀國中，是為了考上第一志願的高中，不是來拔河的。如果手受傷，怎麼辦？會影響考試啊。除非你能保證我的女兒不會受傷，否則我不會讓我的女兒拔河。」

於是，女孩豁免參加拔河比賽，因為沒有人敢擔保拔河不受傷。

可想而知，女孩在班上沒有什麼要好的朋友。

大家討厭總是考第一名，卻從不為班級流汗出力的自私同學。

女孩回家抱怨，媽媽害她沒有朋友。

媽媽回她：「國中同學長大後就通通散了，對你的人生沒有幫助，不必浪費時間交這種沒有用的朋友。等你考上台大，自然會認識許多有成就的人，那一些人才是值得你費心力結交、認識的朋友。長大以後，你就會了解媽媽的用心良苦。這一切，都是為了你好。」

女孩果真如願考上第一女中，但接踵而至的是補不完的習。

母親天天親自接送，也總是囑咐女孩，要女孩咬緊牙關，因為就差最後一里路了。

只要考上台大，海闊天空，世界任女孩遨遊。

不料，女孩太緊張了。

第一次的學測與指考，嚴重失常，與台大無緣。

女孩準備重考，再補習熬一年，但卻如何都熬不過去了。

「好難。我覺得活著好累。我想離開了。離開對我而言如同煉獄的人間。

「我早上出門時，天色是黑暗的；等我從補習班回家時，天色還是黑暗的：如果那一天考試又考得很糟，我覺得我的人生根本就是整片黑暗。」

我告訴女孩，我可以理解她想離開的心情。因為連我光是在旁邊聽，不必親身經歷，都能感覺疲憊、沮喪與無奈瀰漫吐息間。

女孩可以選擇離開，離開她父母如手銬腳鐐纏身的養育方式，但並不是離開人間，因為人間還有許多美好的人事物，等著她去體驗。此時就說人間如煉獄，是以管窺天，說太早，也說誇了。

後來，女孩重考，終於如父母所願，考上台大。但在女孩離開父母，北上讀大學，我以為一切終將歸於平靜之後，卻收到女孩的來信。

她的信，仍然是充滿掙脫不了束縛的痛心疾首。顯然，只有北上讀書，仍不足以逃脫父母的掌心。

這一封信讀來，只要是為人父母者，誰能不低吟自省。

我只是有一些感觸，想與您分享。

就像每一次暴風雨過後，我只想在屋裡坐著等。等明年，春風會把屋外的殘枝敗葉捲走。那時候，走出門，就會是風雨前那種透淨的天色。

父母對孩子總是說得出太多理由，而每一個理由都那麼冠冕堂皇，賺人熱淚。彷彿不領情、不照做的孩子，就是一個不懂得感恩的不孝逆子。

父母總是說：「我也只是想要你快樂。因為我們愛你。父母永遠會擔心孩子。」那麼，身為孩子的我們，可不可以拜託父母不要擔心。身為孩子的我們，可不可以拜託父母，不要給我們那麼多愛。因為父母給的愛，就像熱戀時想把情人永遠綑綁在身邊的愛。那完全是占有，更完全表現在當孩子不如他們所願時的失落上。

太多父母想占有這個由自己創造、養育、栽培出的「產品」，這完全和他們口中說的：「我只是想要你快樂。」完全矛盾。孩子的人生夢想，往往必須在脫離這種占有之後，才可能發展。

但在父母讓步，孩子終於可以迎向自己的夢想後，心中卻還要背負著讓自己父母傷心、擔心的自責與內疚。

憑什麼，一個追求夢想的人，要平白承擔上這一切？他欠了誰？他欠誰了，必須要這樣？只因為父母說「我們愛你」嗎？為了那不可被推翻、超越一切的所謂的「愛」嗎？

孩子要的快樂和父母因「愛」而想給的完全不同。

父母可不可以不要認為孩子想走自己的路，就是不愛父母。

父母可不可以不要擔心，因為父母的擔心對孩子來說也是一種傷心，一種必須感謝的傷心。

父母可不可以不要把「愛」當作一切莫名期許的藉口，因為孩子已經痛苦到沒有辦法感謝這種愛。

身為孩子的我們，只是很想對父母說：「我們沒有少愛你們，我們沒有要背棄你們，我們沒有要反對你們，我們沒有不感謝你們。我沒有忘掉你們為我所做的一切。我們只是想走自己選擇的人生，就只是這樣而已。」

父母如果真的只是希望我們快樂，為什麼我們用自己最喜歡的方式，追求生命的方向時，你們要傷心？為什麼？為什麼？為了你們的「愛」，我必須順從，我必須放棄我的夢想，只有這樣，才能讓你們不傷心嗎？

我放棄我的人生夢想，只為了不想讓你們傷心。現在，是誰比較愛誰？

請不要忘記，這是我的人生，不要拿愛和擔心為藉口來干涉我。

一年後，女孩辦了休學。

她背著行囊，到澳洲打工去了。

離開了父母，遠遠地，遠遠地。

柔軟如棉的心

「他很乖，可是乖有什麼用，又不能換成分數。他的成績就是爛。」

一對穿著光鮮亮麗又不失莊重典雅，看起來登對十足的夫妻，帶著讀小學四年級的小男孩，進到我的診間。

小男孩是他們的獨生子。不過，站在這對璧人父母中，卻顯得突兀，因為他的身材，明顯比同年齡的孩子還瘦小。

小男孩削瘦的小臉蛋上，掛著一副幾乎遮住大半臉頰的粗黑框眼鏡。

他的表情靦腆，雙手不知所措地交錯在一起，幾乎快扭成麻花。

父母抱怨這男孩自從上學以來，成績始終很差，永遠包辦全班最後一名。在小學二年級時，他們曾經帶他去某個機構做過測驗，結果帶回來特殊教育老師這樣的結論。

「你們的孩子沒有什麼問題。是你們夫妻倆的問題比較大。」

這對夫妻自然很不服氣。

他們一個是博士，一個是碩士。高學歷，收入豐碩，品味高尚。不過兩人都彬彬有禮，並非氣燄高張，惹人厭煩，窮得只剩下錢的類型。只是兩人工作都忙碌，確實沒有多少時間可以陪伴孩子。

小男孩的頭垂得很低。

我問小男孩話，小男孩一定回答。但往往是我問一句，他才回答一句。除此之外，完全沒有多餘的話了。

而且回答的非常小聲，我往往必須往前傾三十度，才能聽到。

我想這孩子的自信心明顯已經被擊碎成灰，所剩無幾了。

他的興趣是拼圖和玩樂高。無論是拼圖或堆樂高積木，速度都快得驚人。

在提到所愛的樂高時，小男孩難得多說了兩句話。

「我喜歡蓋房子。我以後要當蓋房子的人。」

他的困難是閱讀文字。

我告訴這一對父母，如果要教導像小男孩這樣的孩子，必須大量倚靠圖像，或者使用具體的事物來表達課本所要傳達的抽象知識，不能單靠文字或只使用言語來描述，若是那樣，他會無法理解。

小男孩的父母都表示，他們沒有時間。頂多是請家教，但家教也只能照傳統的教法，而無法量身訂製教學內容。

除了看到小男孩對立體空間的敏銳，其實，我還看到一位心地柔軟如棉、如新生嬰兒頰上肉的孩子。

小男孩在學校負責打掃公共區域。當同學一邊掃，一邊聊天時，他總是埋頭努力掃著，也是最後會把垃圾拿去倒的那一位。

當有同學在教室裡吐得滿身穢物時，大家無不遮著嘴，掩著鼻，避之唯恐不及，只有小男孩自告奮勇，幫同學擦淨衣物，還帶同學到保健中心去，陪在同學身邊。

在校運會的時候，有人跑大隊接力比賽，跑到扭傷了腳踝。個頭矮小的小男孩，竟然撐扶著比他高一個頭、壯半個身子的同學，一拐一拐地穿越整片大操場，到保健中心去。

我聽小男孩的母親訴說著一個簡直是好人好事代表，具備智仁勇童子軍性格的孩子。

但是，這些善事，並沒有為小男孩博得友誼。

他愈是努力打掃公共區域，其他同學就愈是放手，讓小男孩掃，而且還嘲笑他：「我們就讓這個只會掃地的白癡，掃個痛快吧。」

吐了滿身的同學，在當下對小男孩道了謝。但是，隔天，當這位同學穿著一身潔淨的制服來學校時，卻對試圖靠近他的小男孩，擺出鄙夷的表情，遠遠躲開。

至於那一個扭傷腳踝的運動咖同學，更是直接告訴小男孩：「你這個笨蛋，不要以為你扶我去保健中心，我就會跟你做朋友。」

到底是什麼原因，讓明明善良、有同情心的孩子，卻在學校被孤立，成為被欺凌、取笑的對象？

小男孩母親幽幽地說：「我想孩子成績不好，所以才把他轉到這所明星學校來就讀。希望透過老師嚴格的教導，同學間互相的砥礪，可以把他的成績拉上來。可是，好像完全沒有用。

「我到學校接小孩時，永遠有小朋友一看到我，就圍上來說：『林媽媽，我這次月考，考四張一百分喔。你們林小毅永遠都不會考一百分，他好笨喔。』

「你知道嗎？我每天，是每天喔，需要鼓起多大的勇氣，才踏得進學校啊。我真的都沒有臉去學校了。更不用講，我那一群朋友，他們的孩子都很優秀，我根本不敢帶我的小孩去聚會。他是很乖啦，可是乖有什麼用，又不能換成分數。他的成績就是爛。」

媽媽當著小男孩的面，如此數落小男孩，著實嚇我一跳。

我連忙阻止媽媽再說下去，也希望父母能多抽出時間，瞭解孩子的困難，更要發掘他的長處。

大約過了一年多，小男孩的媽媽自己一個人帶著聯絡簿來找我。

聯絡簿上，老師不再抱怨小男孩的成績，但並非孩子的考試技巧進步了，而是有更讓大人頭痛、擔心的事情發生。

聯絡簿上，我看到的是一個每日黃腔滔滔的孩子。

一下子老師寫著：「今天對同學比中指。」隔天又是：「今天出口成『髒』，罵同學女性性器官。」

小男孩的媽媽說她簡直不敢相信。

老師筆下的小孩與她在家裡看到的，是同一個孩子嗎？因為兒子在家裡，從來不曾罵過髒話。

我問母親曾與孩子開誠布公地談過性嗎？若沒有，我請媽媽務必找出時間來與他談談。

不過，我看到的另一個面向是，一個試圖擺脫被嘲笑、霸凌命運的大孩子，在四面楚歌下，所想出來，即使被大人責罰，也必須要耍酷的一條存活之路。

一別，又是三年。這一回，男孩和母親一起前來。

明顯長高許多的孩子，臉上沒有了稚氣，更不再有惶惑不安的麻花手，取而代之的，是桀驁不馴的表情和交叉在胸前，透露著「不要管我」的一雙手臂。

我問了男孩近況，他還是用字簡潔到彷彿語言根本是人間廢物。

他回答：「還好。」「還可以。」「不知道。」

但男孩的母親卻焦慮的抱怨：「他交了壞朋友，也學人家抽菸。然後，放學就跟那一群沒有家教的壞孩子廝混。你知道嗎？他抽菸也就算了，頂多只是一直被學校記警告，這還只是小事一樁……

「但他竟然在朋友的慫恿下，到超商去偷東西，然後被抓到警察局去。我真的已經沒有辦法再教他了。他已經把我的臉都丟光了。」

接著，母親抽泣到整張臉都埋在面紙裡。

男孩在一旁看母親哭了，他臉上的線條柔軟許多，也終於願意多說一點話。

男孩說：「你自己來國中讀看看嘛。我如果不抽菸，如果不跟他們混，有可能活著從國中畢業嗎？」

如此駭人聽聞的抽菸、偷竊的理由，讓男孩的母親決定將孩子送出國去念書。

可是，聽說，也只不過讀了一年，孩子還是回台灣了。

我始終記得這個男孩。當我偶爾看到校園霸凌事件時，我便會想起他，想著這孩子不知道現在過得好嗎？

一直到數年後，男孩自己來看診，我卻差一點認不出他來。

他染了一頭金髮。雙臂、雙腿，布滿刺青。

我問他最近跟誰住，都在做什麼呢？

他明顯避重就輕地回答我。

「沒什麼。就跟一群朋友住在一起，打一點零工……」

也許他已經忘了自己曾經有的夢想：長大後當一個蓋房子的人。

我望著他離去的背影，心裡想，不知道下次什麼時候，才能再見到他。

等我再見到他時，我希望我能一眼就認出他來，認出他那一顆柔軟如棉的心。

醫生之子

「你的父母都是醫生，你的成績怎麼會這樣？」

「唉，你的父母都是醫生，你的成績怎麼會這樣？」

兒子無奈地告訴我，老師對他說的這一段話。

身為醫師之子，兒子竟然還得承受父母職業的壓力。不過，這是許多同業的宿命。

我對兒子說：「我覺得很抱歉，也很難過。我們的職業與你的成績一點關係也沒有。你是你。醫生沒有什麼特別，也只是不會殺人越貨的一種良民罷了。」

可是，我知道，曾經有住在醫院宿舍的醫師之子，因為高中沒有考上第一學府，孩子的母親覺得面子掛不住，因此全家搬離開宿舍。

也曾經有成績全校翹楚的醫師之子，一心一意想讀經濟系，但學校老師、主任紛紛出馬，親臨府上，苦勸孩子改變心意。希望他能以醫學系為志願，為校爭光。

整個社會，對「醫師」充滿迷戀般的崇拜。

連自小以「玩耍」為首要志業，爺爺是醫師，爸爸是醫師，身為長孫、獨子的兒子，都感受到了。

兒子對我說：「媽媽，我是不是應該重考？考上醫學系？」

「不必。每一個人有每一個人適合走的路。你的爺爺和父親選擇他們要走的人生，你也只需要選擇你喜歡讀的科系。每一個人的人生，各自選擇，與傳承無關。」我悍然回應。

從幫兒子選擇「一路玩」的幼兒園開始，我對孩子學習的期待，其實早已昭然。

我們選擇沒有作業，沒有測驗，只有認字，沒有寫字。強調讓孩子從遊戲與動手做中去學習生活的能力，並建立與人互動關係的幼兒園。

於是，從沒在幼兒園看過考試卷的兒子，當他上了小學，初次拿到考卷時，竟把考卷當成圖畫紙。在考卷上畫了滿滿的卡通人物，有悟空、悟飯、達爾、特南克斯……

老師最後給了兒子同情分數——一分，因為考卷上有寫名字。

當兒子拿到作業簿，他也無法理解這是「使命必達」的任務。所以如果有五項作業，可能只完成兩項，便自覺足矣。

晚上九點一到，兒子準時來到我們的書房道晚安，說要睡覺了。

而我也毫不克盡職責地與兒子同步看待學業表現。

以至於有一回月考考完，安親班的老師告訴我：「你兒子這次的月考成績退步了。」時，我竟然不小心吐露實話：「什麼？他們什麼時候月考？」

安親班老師以不可思議的表情望著我，最後，極挫敗地說：「你……媽媽怎麼當的？」

這樣的小學生涯，到了畢業典禮，阿嬤、表弟、堂弟，當然還有我們夫妻都歡喜盛裝參加。在典禮上，一個個小朋友都上台領獎，各種巧立名目的獎項紛紛出籠。

最後坐在台下，只剩零零落落，屈指可數的小朋友，包括我那依舊露齒開心微笑的兒子。我想應該是再創意十足的老師，也黔驢技窮，沒有獎項名目可編了。

不過，也曾經是小學老師的阿嬤疼孫心切。她走到導師面前，建議老師：「你們怎麼沒有善良獎？我的孫子最善良了。」

典禮結束，我們一群人浩浩蕩蕩往餐廳前進，歡欣鼓舞為兒子慶祝。

獎不獎無所謂，「小學畢業了」才是人生重要的里程碑。

在十二年國教中，填鴨填到最畸形、變態的三年，非國中莫屬。

每天都在考試，而且不只考一科。有時一天下來，考了八張考試卷。連校運會當天，最後一堂課，還得把學生留下來考數學，才肯罷休。考得我們母子倆對考試都已麻木不仁。

有一回，兒子拿了一張空白，只打了一個零鴨蛋分數的考卷回來。

他告訴我的理由是：「因為那一節課，我已經很累了，老師一進教室，又要考試。考卷發下來，風一吹，就把它吹走了，我累到懶得把它撿回來。」

我聽了，大笑兩聲，也能接受。

於是，趁著開親師會的時候，我提出建議：「請各科老師減少平常考的次數。」

孰料，我才剛發言完，坐下來，四方立即湧來反彈的聲音。

「這一位媽媽，你提出這個建議，實在很沒有常識。平常考考太少，怎麼考得上第一志願的高中？難道你希望孩子考不上好學校嗎？」

我只能鼻子摸著，不再吭聲。

考卷發下來，有時兒子並沒有拿給我們簽名。只是告訴我們，他請同學模仿爸爸的簽名，檢查過關了事。國中第一次月考的成績單，更是在我曉以大義之下，才有機會窺全貌。

自小我們便教導孩子：「考試成績、訂正、寫作業，是你自己的事。」因此，當我問及他的月考成績單時，兒子竟伶牙俐齒地回我：「有人天天到處說不在意小孩的考試分數。可是，還不是會要看成績單，一樣給小孩壓力……」

我聽了，按捺住內心的竊喜（這孩子是誰教的？怎麼那麼會說話啊？），義正詞嚴地回答他：「因為你只有十二歲，我們當監護人的，必須好好把你養大，包括瞭解你在學校學習的情形。難道你希望我每天跟你去上學，看你在學校學得如何嗎？還是我每個月打電話給你各科的老師，問他們，你在學校學習的狀況呢？這些顯然都不是好辦法，所以，我只能參考你的成績單。雖然考試並不客觀，卻是我唯一可以憑藉的方法。」

兒子也注意到有些同學會因為考試名次退步，而躲在角落哭泣；有些同學甚至說白了：「我沒有考九十分，回去會被打。」

當兒子告訴我這些同學的遭遇時，他的眼神流露諸多不忍。

我總是再重申一次：「考試的目的，是要瞭解你懂了多少，還有哪一些內容，你需要再加強。考試不是拿來炫耀，更不該作為懲罰的原因。」

因此，我們會在月考前一晚，坐在電影院裡，欣賞《海角七號》；在暑假補考的前一天，我們還在台東玩樂。

但因為要升學，可想而知，高中的教育重點，仍是分數掛帥。

高一時，兒子拿了全班第三十一名的成績單回來。

當我看到時，愣了一下，才回神問他：「你們班上不是只有三十幾位同學嗎？」

「對啊，三十四位。」

「所以，你是全班倒數第四名？」

「對啊，你不是說這樣會有很大的進步空間嗎？」

兒子輕鬆一句話，回得我啞口無言。

第二次月考，兒子考了二十八名。

他信心十足地說：「你看，很快就進步三名了。不過，我擔心那三位被我擠下名次的同學，不知道會不會很難過？」

我第一次聽到在台灣爭得你死我活，只有踩著別人的頭頂，才能往上爬的教育競爭中，有孩子會擔心名次落後的同學，心裡是否會受到打擊。

如果一個孩子，從小沒有被教導名次的重要與競爭的必要，他可能會是一個更充滿同情心與同理心的孩子。

我深深以這樣的孩子為榮。

不過，當兒子讀到高三時，他竟然問我：「媽媽，你到底希不希望我大學考好一點？」

這算是什麼問題？簡直像是問我：「人需要呼吸嗎？」

兒子說：「因為你從來沒有說過。」

我說：「我希望你考到你喜歡的學校和科系。因為那可能決定你未來的人生，以及會相識、相知的朋友。」

如果重新來過，我還會這樣養小孩嗎？

我可以斬釘截鐵地回答：「絕對會。」

我長大要當一個好爸爸

「男生不准哭。你的小鳥被割掉了嗎？」

「我長大要當一個好爸爸，就是那種不會亂發脾氣，會與孩子好好溝通的好爸爸。」

這一段看似稀鬆、平常的話，卻把我惹哭了。

因為那是出自一位九歲男孩，從肺腑發出來的心聲。

那是男孩長大的願望，是自我期許，更是他此時此刻的盼望，也是一個只能冀望於未來的自己，一個今日難以實現的盼望。

男孩的父親並不是傳統所認知的壞爸爸。相反的，他可能還是鄰居間評價甚佳的父親，只是崇尚著「棒下出孝子，嚴師出高徒」的古老定律。

一個從小被修理大的孩子，在行為舉止上可能會傾向畏畏縮縮、唯唯諾諾，但是這孩子卻完全打破我過去的刻板印象。

一見面，我還來不及打招呼，他便已先啟動見面禮。

「嗨，醫生好。我有一個優點，就是我不怕生。」

九歲的孩子，如此直白又早熟的開場白，真是罕見。

我一路享受於他「不怕生」而散發出的春風煦陽。我只需微笑著傾聽，而他似乎掏心掏肺，全部傾瀉而出，但接著我聽到的內容，卻讓我彷若遭受雨打雷劈，全身濕淋淋，打從心底冷颼颼的抖顫個不停。

男孩生長在一個三代同堂的軍人家庭。爺爺是退伍軍人，只有父親一個兒子。父親繼承父業，是現役軍人。其實，男孩還有兩個妹妹，不過，因為男孩既是老大，又是家裡唯一的男兒，所以爺爺與父親將種種光耀門楣的期許，全部押在男孩身上。於是，爺爺雖然愛孫心切，總對男孩噓寒問暖，關照得無微不至，但是卻少了老人家對孫兒常見的慈眉善目的疼愛。

爺爺不是含飴弄孫，爺爺對待男孩，比較像是執行鐵的紀律，訓練鋼的意志。

天氣熱，爺爺不准男孩吹冷氣；天氣冷，爺爺不准男孩洗熱水澡，因為要鍛鍊強健的體魄。

吃飯時，爺爺不准男孩以嘴就飯，必須雙手捧碗，以飯餵口；咀嚼時，必須雙唇緊閉，不可以嘴巴張大地咬，露出牙齒來，更不准發出聲音。

如果一不小心，男孩把飯粒掉到地上了，下場將會悽慘無比。

爺爺會叫男孩把飯粒撿起來，再數數看，總共掉了幾粒米。每掉一粒米，就罰站十分鐘。如果不小心掉了一坨飯，一數十來粒，那麼，一站就是一、兩個鐘頭。

偏偏男孩天性樂觀，常大笑、愛唱歌。放學時，男孩開開心心返家，唱唱跳跳，甚至大嗨起來，大呼小叫，總免不了招來爺爺的怒目喝止。

爺爺對考試成績要求嚴格，規定男孩每一科都必須考九十五分以上。如果沒有達到標準，當週的星期天，就是失去自由的禁足日。

男孩擁有天使心，說著爺爺的嚴厲，仍不忘幫爺爺說好話。

「有時候真的被管得很煩，心裡就會有一個聲音跑出來：『你是我爺爺，又不是我爸爸，幹嘛管我。』不過，我很快知道這是不好的聲音。

「像我有一位好朋友，考九十六分，考得很好，對不對？但他還是躲在廁所裡偷偷地哭，因為只要沒有考一百分，一百分喔，他爺爺就會打他。我如果有考九十五分以上，我爺爺根本不會對我怎樣啊。」

孩子啊，這是比慘大賽嗎？只要有人比你更慘，你就感到欣慰了嗎？

考試幾分及格呢？六十分啊，表示只要考六十分以上，這個科目，你已經大部分都瞭解了。就算考不及格，也沒有人應該為考試分數而受處罰啊，因為沒有人應該為「老師的教學，學生聽不懂」或者「我對這個科目比較笨拙，比較沒有興趣」而被罰。

考試考不及格，不是做錯事，更不是做壞事。

可是比起爸爸，爺爺根本是「愛的教育」，父親才是真正「鐵血教育」的實踐者。

男孩的父親週五才回家，每週只回家一趟。

有一回在幼兒園，上數學課時，男孩突然跳來躍去地大嗨起來，結果被老師帶到園長室去冷靜一下。

當父親回家知道了這件事，完全不問緣由，把男孩叫來，命令他脫下褲子，狠狠揍了男孩的屁股，直到瘀青片片。

男孩像是處在動輒得咎，隨時隨處都可能挨揍、挨巴掌的環境裡。

當男孩看電視看太久、看太晚，爸爸喝令：「電視關起來。我數到三。」如果在數到三之前，還沒有把電視關掉、屁股離開沙發，爸爸就會把他拖到地上，一腳飛踹過來。

男孩晚上睡覺，翻來覆去睡不著時，也要小心爸爸隨時又要打人。

爸爸會先警告：「再翻下去，看我怎麼修理你。」

有時孩子一下忘記了，不小心翻了身。爸爸是絕對說到做到，孩子又是吃一頓巴掌。

男孩說：「我最討厭國語了。你知道為什麼嗎？因為國語也是害我被打的主因。國語要一直背。如果寫錯了答案，爸爸心情好的時候，只會罵我是白癡，但他心情差的時候，我就倒大楣了。」

男孩從小學會看父親的臉色，也會模仿父親的模樣。

他像懺悔般地說著：「我有一些壞習慣，是跟爸爸學的。像學爸爸罵人，罵很難聽的話；還有在一年級的時候，會跟同學搶盪鞦韆。搶輸了，我就打同學。老師過來勸我們，我連老師都打。因為我很生氣。我爸爸生氣的時候也是這樣啊。他生氣就會打我。」

但是，男孩的爸爸並非一直都像凶神惡煞。平常心情好的時候，根本是兒子的大玩偶。爸爸會跟男孩玩躲貓貓，會與男孩並肩打遊戲，就算無聊到只坐在沙發上看電視，只要爸爸興致一來，也會跟男孩從沙發滾到地板上抓癢、打鬧。

從言談之間，看得出來，男孩很愛爸爸。

男孩的媽媽也說：「是啊，你不要看他被爸爸修裡得這麼兇。每一個星期，爸爸要去上班時，他都哭得好傷心，哭喊著叫爸爸不要走……」

可是，爸爸的回應都是：「男生不准哭。你的小鳥被割掉了嗎？」

我告訴男孩和母親，如果爸爸再這樣打小孩，實在應該打一一三的求救電話了。

男孩說他曾經跟一位愛心志工媽媽講過，他被爸爸家暴。

結果，那位愛心媽媽回他：「一定是你先調皮搗蛋。這樣不是家暴啦。」

男孩的母親也跟父親談過打罵教育對孩子的傷害，但父親卻不以為然。

「我就是在打罵教育下長大的，我不是熬過來了嗎？等孩子長大，就會瞭解我的用心良苦。」

只能說這男孩天賦異稟。他有豐沛無比的愛與樂觀，打不消，揍不退。

在這樣的環境下長大，男孩給了自己一個宏大的期許——要當一個不發脾氣，會好好講道理的爸爸。

男孩在與我道別時，竟然主動問我：「我可以抱你一下嗎？」

然後男孩送給我一個抱滿懷的大擁抱。

連我都感受到他給的愛。

幼兒園的數學題

我們忘記了一個五歲的小孩，該過什麼樣的生活啊。

胖臉兒把圓圓的小臉蛋貼在玻璃門上，整個鼻子被壓得扁扁的，像要被榨出汁來的半顆蓮霧。

我也把臉湊上去。我們開始大眼瞪小眼。

這是我和胖臉兒的初次會面。

才四歲多的孩子啊，會有什麼困擾呢？

我回想自己四歲多時，每天一張開眼，滾下床，就是找鄰居玩耍。

當時，我最大的煩惱是，今天我們要玩什麼。跳格子嗎？昨天才剛玩過。跳繩嗎？已經跳膩了。畫公主嗎？好像沒有粉筆了。玩扮家家酒嗎？但誰要當媽媽呢？

在炎炎夏日的午覺時間，整條街的小孩都被押回家睡覺了，睡不著覺的我，無聊到只能坐在亭仔腳的階梯上，望著冒熱煙的柏油路發呆，一直望到戴著黃色學生帽，背著書包、穿制服的小朋友放學。

放學的小朋友，總是嘻笑打鬧，互相取樂。於是，當時我非常期待上學的日子趕快到，以結束我望穿秋水，無事可忙的歲月。

不過，現在的孩子，應該沒有機會感受我們當年想上學的渴望，因為他們在剛剛脫離尿布、奶瓶，會表達噓噓噗噗的年紀時，便被送進幼兒園，開啟學海無涯的人生。

四歲多的幼兒園中班孩子，該學什麼呢？

胖臉兒的媽媽拿出幼兒園老師手寫的一整張A4的文字報告。上頭密密麻麻，全寫著老師所觀察到的胖臉兒。

「不會綁鞋帶……不會用剪刀……不會寫1、2、3……不會……」

我在A4紙上努力搜尋，希望找到老師寫胖臉兒「會」什麼的敘述。

但是，卻遍尋不著。

為了全心全力地教養孩子，而辭去工作的胖臉兒母親，哭喪著臉。因為老師一整頁的負面評語，像是一紙宣判，宣判母親四年多來含辛茹苦所教養出來的孩子，是一個徹底失敗的作品。

我告訴胖臉兒的母親。幼兒園老師所要求的能力，都是可以透過一再練習，便學會的技術。早會寫1、2、3，晚會寫1、2、3，孩子的人生，會有差別嗎？四歲不會綁鞋帶，到了十歲，總會綁了吧。你有看過哪一個長大的人，不會使用剪刀的嗎？

胖臉兒的母親經我這樣提醒，才破涕為笑。

本來以為胖臉兒上幼兒園的困擾應該就此打住，會從此步上坦途，但顯然我小看了現在幼兒園打著「不要輸在起跑點」的口號，為了將口號付諸實現，不惜荼炭幼兒所施出的可怖力道。

約莫過了半年，兩道眉苦得快皺成一道的母親，又帶著胖臉兒來了。胖臉兒依舊圓著臉，只是臉上少了幾分笑容，多了放空的無神。雖然只有大班，幼兒園已經開始教寫國字，算簡單的算術。胖臉兒苦難的日子，於焉展開。

「老師說他阿拉伯數字會倒過來寫。我教了好幾次，他偶爾寫正了。可是，下一回又寫反，我根本無從知道他到底會不會。」

寫反的阿拉伯數字勾起我的兒時記憶。

上小學前，光為了學會大人說寫起來像耳朵形狀的3，可是我搞不清楚究竟是哪一邊的耳朵，也折磨了我好一段時間。

我告訴胖臉兒的母親，這是鏡像書寫，幼兒園的孩子會寫反，很正常。隨著年紀增長，便會漸漸改正回來。

母親一邊聽我說數字會倒過來寫，不是毛病，一邊仍不放棄地從書包裡掏出胖臉兒的考試卷（而我內心正哀嚎……為什麼一個幼兒園的孩子，會有考試卷啊）。

母親再接再厲地說：「你看他數學應用題，全部答錯。他不是不會算喔。我問過他，他是看不懂題目。雖然題目都會唸，可是，唸完題目，好像是只管唸出聲音來，他根本不懂題意。這樣問題是不是很大？以後考試的題目會更多、更難，他怎麼應付得來呢？」

我望著神色焦急的母親，本來只在我心底嗚嗚哭泣的哀嚎，瞬間，全部無法遮掩地浮到我臉上來了。

親愛的大人啊，最嚴重的問題，不是孩子無法理解數學應用題的題意，而是我們忘記了什麼是小孩啊。

我們忘記了一個五歲的小孩，該過什麼樣的生活。

一個五歲的孩子開始嘗試學習過群體生活，需要學的是什麼？

當大人把這些思索都拋到腦後，只把孩子看成是縮小版的大人時，大人將看不見五歲的孩子與大人不同的邏輯，那麼，孩子豐富奇幻的想像力，如同珍珠在大貝中閃

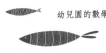

爍，將被忽略，甚至會因為只要標準答案的考題，而被扼殺到片甲不留。

我立刻回應胖臉兒的母親。

「才上幼兒園，就拿數學應用題考小朋友，最好速速離開這家幼兒園吧。因為孩子的腦袋會被烤焦成疤。你不覺得許多應用題，題目本身脫離現實，根本不可能發生嗎？就算再簡單的應用題，例如：你有五根香蕉，給小明一根，再給小華兩根，請問你還剩幾根香蕉？我們大人的腦袋是單線思考，只會想到趕快解出正確答案：兩根，然後拿到分數。

「可是，孩子不會如此無趣，他的腦袋會開始上下左右轉：小明和小華是誰？我為什麼要給他們香蕉？一個給一條，一個給兩條，這樣很不公平，會不會害他們打架？可不可以全部送給他們，因為我不能吃香蕉……」

這些可能才是看不懂題意的背後真相。

胖臉兒此時露出如曙光的淺笑。

但是，母親依然憂心忡忡：「應用題可能太複雜了，可是寫國字，很簡單啊。只需要動手，不必動腦。他一再被老師要求擦掉重寫，說字寫太大了，筆畫都超出格子外。上小學之後，老師要求會更嚴格。我想，到時他會更慘。他才讀幼兒園，學習之路剛剛起步，便挫折連連。我怎能不擔心呢？」

幼兒園的孩子究竟應該為什麼事而挫折？為了什麼事可以有成就感？為了什麼壞事而被責備？又為了什麼好事被誇讚？

我向母親解釋：「幼兒園的孩子，他們的小手肌肉尚未發育完全，本來就不適合拿筆寫小字。要這麼幼齡的孩子寫小字，根本違背生理發育和教育的思維。那一雙小手是要拿畫筆，大筆揮灑的啊。」

然後，我看到胖臉兒和母親原本皺成麵團般的愁容，瞬間融解開來。撥雲見日，陽光灑進母子倆陰暗的心房。

母親轉頭，再度打開如百寶箱般的皮包，她拿出胖臉兒在幼兒園和家裡一張張的畫作。

從那一些作品裡，我看到了胖臉兒飛向宇宙浩瀚無涯的想像力。

胖臉兒的筆觸毫不畏縮，而且用色大膽，大紅、大綠，甚至黑色，他都能搭配得搶眼奪目。

他設計了精細的未來世界，也塗抹了如抽象畫般，色彩鮮麗的西班牙鬥牛。

為什麼我們讀幼兒園的孩子，會因為字寫很大，而心生挫折？為什麼一個五歲的孩子，不能因為畫圖畫得很精采，而獲得誇讚的掌聲呢？

當捧著胖臉兒這些畫作時，我的內心悸動，無法言語。

若不是礙於醫師必須看起來是莊重而鎮定的角色，我的淚水一定爬滿整張臉龐，那是充滿歉意與心疼的淚水。

不倒翁

考了第一名，卻從此失去好朋友。

「我們對孩子的課業，並沒有嚴格要求。我們都告訴她，考幾分、考第幾名，沒有關係，只要盡力就好。可是，她硬是要逼自己每天讀到三更半夜。她對成績非常在意，只要名次退步，不只哭，她還會搥牆壁……」

「考幾分、考第幾名，沒有關係，只要盡力就好……」這段看似雍容大度的話語，卻像施了魔咒般，在我耳際纏繞。

由近而遠，由遠而近，久久不散，迴旋在我自己的記憶深淵。

關於考試與分數，究竟是如何悄悄地進入我的生命？讓我在小學六年級時，面臨深邃如黑洞的生命。

學校的誕生，是為學習而來，學習能融入社會，但這又與考試、分數有什麼關係呢？

幼兒園是我與學校的初遇。我們家的孩子，若出生在年尾，無不提早入學。唯獨只有我，因為自小看似比同齡的孩子駑鈍，不但鞋子左、右分不清，更是只會坐在亭仔腳的階梯上發呆到靈魂出竅，所以爸媽等我歲數足了，才肯讓我進幼兒園。

而那時的幼兒園，真是陽春到可喜可賀。

孩子們上學，如果記得把小花手帕乖乖別在左胸冂，那就像是別上了上學的平安符。我們在幼兒園努力盪鞦韆、溜滑梯，再等著完成上幼兒園最重要的事——吃完點心，那麼，便可以如羊群解散一般，即刻回巢了。

沒有作業，也沒有抄寫。

唯一的一次測驗是在幼兒園生涯結束前，老師要我們折返跑。沒想到，我氣喘吁吁跑回來，上氣接不了下氣之際，老師又要我們從一數到一百。

最後，老師發給我們每個人一張白紙，上面有注音符號，但更多的是圖畫。

老師問我叫什麼名字，我今年幾歲，我認為蒼蠅比較討厭，還是蚊子……這些題目，深烙在我的腦海，歷經五十多年不褪。

因為每一道題目，都曾經在我的小腦袋裡，掀起無數波浪，來來回回。

光寫自己的名字，我就練習了很久。

在那一刻，我也才理解父母為我們取的名字，完全決定了我們第一次寫字時是否充滿挫折感。

如果叫「王一人」，那該有多好，一定很快就能誇口：「我會寫自己的名字了。」還好，那時候，班上有人姓「嚴」，讓人頗感欣慰。

「我幾歲？」

我毫不猶豫地寫：「八歲。」

因為媽媽每天都這樣叨唸：「你都八歲了，還不會自己洗澡。」

沒想到，這一題竟然被老師打個大叉叉。

老師說：「你只有六歲。你寫錯了。」

當下，媽媽和老師兩個大人在我心裡成了比畫劍術的武士。我到底幾歲啊？

至於天底下最艱深的題目（我實在沒有把握我是不是看錯題意了？）蒼蠅和蚊子，誰比較討厭？

我能不能寫兩個都討厭？因為蚊子叮得我滿腳紅豆冰，蒼蠅飛來飛去，害我吃西瓜的時候，總得空出一隻手來揮蒼蠅。

我一向嗜吃如皇帝大，所以，我決定投蒼蠅一票。

結果，老師又送給我一個大叉叉。

就在一個又一個的大叉叉之中，我告別了幼兒園。

上小學時，我的小屁股已經坐到長了蟲，但老師在台上講到天昏地暗的時光，卻愈來愈長。

於是，我特別喜愛某一些詭異的日子。當那一天來臨的時候，老師會突然不再長篇大論，只會發下一張白紙黑字，一種叫「考試卷」的紙張，要我們寫。老師不會管你寫了什麼，寫了多少。只要你不想寫了，交還給老師，然後，就可以背起書包回家了。

可惜，這種好日子，很少遇到，老師久久才會慈悲一回。

直到學年結束，老師在講台上唸了一些同學的名字。接著，老師拿出紅色包裝紙包得精美的禮物，送給他們。

我在台下，巴望著老師能唸到我的名字。但是，我的期待落空了。

我也好想要有禮物啊。他們為什麼有禮物呢？老師特別喜歡他們嗎？老師為什麼不喜歡我呢？

直到上了小學三年級，我才開始真正認識考試、分數，以及名次的真面目。

老師在班上的考試排了名次，而且還有獎品。

第十名，老師會送他一張如同A3大小的白紙，第九名兩張，依此類推，所以獲得第一名的同學，會獲得十張白紙，可以畫圖畫個暢快。

或許現在大家很難想像，但是在那個物資貧乏的年代，對孩子而言，白紙便已經是珍寶。

老師在台上一一唱名，而我竟然領到了三張白紙。

這是我生平第一次領到獎品。

從此以後，我開始認真寫考卷。

我不再寫著考卷，心裡卻想著家裡的玩具，或一心只想趕快交卷，可以回家玩耍。

有一次，我還領到十張白紙。不過，當我興高采烈帶著戰利品回家時，卻被媽媽潑了冷水。

媽媽說：「白紙，算什麼獎品啊。」

學校的考試排名帶給我最大的人生極致榮耀感，是在小學高年級之後。

五年級時，重新分班。第一次月考時，總共六張考卷，我不小心考了五張滿分。

老師對全班同學說：「我們班有一個不倒翁。」

我唯一沒有滿分的科目是「生活與倫理」。

我還記得考題是關於吃飯的時候，圓桌、方桌的主客座位排法，還畫圖示意。老實說，這一道題目，我完全沒有概念。不過，仍無損於我的不倒翁名號。

那一次，我得到的獎品就不是十張白紙了，而是一張獎狀。

那是我今生的第一張獎狀。

顯然這張獎狀遠遠勝過以前的十張紙，爸媽看到獎狀都喜形於色。

擁有一雙巧手的爸爸，還為獎狀做了框，高高掛在客廳的牆上。

只要親友們一來，都會看到。

這對於一個從小被嫌駑鈍的我而言，簡直成了頭頂上長了光環的小天使了。

為了維繫不墜的第一名，我開始擬定「作戰計畫」。

在每一次月考的前兩週，我便密密麻麻寫下讀書的行程時間表。

於是，兩年十二次的月考，我考了十次第一名，兩次第二名。

那時候，班上已經競爭激烈到只要差一、兩分，名次就會落後的激戰狀態。

我家客廳的牆上掛著琳琅滿目的獎狀，都是我考試得來的。

當然，每一張獎狀，都有爸爸親手做的框。

不過，某些不曾遇過的事情發生了。

有時候，我的書包會不見。

有時候，我會找不到我的課本。

六年級下學期，畢業前最後一次的期末考。

那時候，班上瀰漫著山雨欲來風滿樓的緊張氛圍。

幾個成績較佳的同學已經放話，一定要在這最後一仗，把李佳燕打下來。

老師仍然比照過往，在學校標準答案還沒有公布之前，就已經先拿我的考卷當作正確答案，批改著同學的考卷。

無奈，自然科有一道題目，我的答案和其他同學的都不同。

於是，同學們集體向老師抗議。

同時，七、八名同學還相約，他們要一起到教務處，詢問出正確的答案。

我一個人，站在三樓高的教室外走廊，倚靠在面對操場的欄杆上。

欄杆一旁正晾著剛剛我與同學一起打掃、拖地的拖把，拖把上的水珠還滴著。

望著這一群同學，他們是我這兩年來最熟悉的朋友，但此刻卻成行成列，橫越操場，只為了在殺得慘烈的考試排名中，把我打倒。

他們的背影，雖然漸行漸遠，漸淡，漸模糊，但那是一個十二歲的生命，所永遠無法遺忘的迷惑。

那迷惑，滲著疼痛的血淚。

結果，我的自然科答案是正確的。

只是，我想，我錯過了更多。

而我錯過的，這一群朋友提醒我，找回來。

空的禮物

「我想送我媽媽『空』的禮物。」

「我想送我媽媽一樣禮物。」一個女孩對我說。
「什麼禮物呢？」
「『空』的禮物。」
「空？那是什麼東西啊？」
「我讀過一本書，書裡寫媽媽最愛的禮物就是『空』。可以多幫媽媽洗碗、掃地、曬衣服、倒垃圾，做很多家事，這就是送媽媽『空』的禮物。而如果媽媽有了空，就有時間陪我玩。」

我恍然大悟，既讚嘆起兒童作家的想像力，也為眼前這七歲女孩，透過繪本，所顯露出的孤獨，是那麼委婉卻滿溢，讓我心傷而愛憐。

我本來以為女孩是獨生孩子，但是陪同前來的父親解釋，女孩還有一名四歲的妹妹。

不過因為在廣告公司工作的母親，實在是忙碌不堪。而父親每天送老大上學，下班之後，再與老大共進晚餐，然後接送老大奔馳於各種補習班之間，實在已分身乏術，所以，讀幼兒園中班的妹妹，只好住在爺爺、奶奶家。週末時，家人才前往相聚。

其實，女孩自己也是到了幼兒園中班，因為妹妹出生了，爺爺、奶奶必須照顧妹妹，才搬回來和父母同住。

台灣現在有多少這樣的家庭？「偽」單親、「偽」獨子。一個家，分成了好幾塊。只有到了週末或月底，分散各處的家人，才能團聚成圓。

雖然女孩與妹妹相處的時間，每一週只有半天，實在倉促，但是姊姊非常疼愛妹妹。

我問女孩：「妹妹會不會跟你搶玩具？」

「當然會啊。」

「那你怎麼辦？」

「就讓給她玩啊。」

我望向爸爸，爸爸點頭說：「她真的是一個好姊姊，什麼都讓妹妹。連妹妹有時候生氣起來，會亂咬人，她也讓妹妹咬……」

此時，女孩主動拉起衣袖，露出肩膀上的舊傷痕跡。

我摸了摸那已經癒合的傷口，雖然齒痕已褪，但只怕痛感仍在褐色的肌膚下喘息著。

因為家裡實在太單調、無聊，所以比起放假在家，女孩更喜歡上學。

女孩說她有三個好朋友，兩個女生，一個男生。下課時，他們會一起玩剪刀石頭布，還會玩鬼抓人。

「因為有好朋友跟你玩，所以你喜歡上學。那上課呢？你喜歡上什麼課？」

提到大部分孩子都不想談的上課，女孩卻眉頭皺也沒皺。她回答：「我最喜歡上體育課。」

這答案，我一點也不意外。體育課幾乎是所有小孩的最愛。

「我喜歡打躲避球。我很會殺球，我只要一殺球，大家都會嚇到躲成一團。大家都怕我殺球。」

「還有綜合課，我也喜歡，因為有時候會看電影；我也喜歡英文課、數學課。」

原來這孩子喜歡上學，不只是因為有小朋友可以一起玩，她也樂於學習，探索新鮮的事物。

「不過，我非常討厭國語，因為要一直寫字，一直寫字，永遠寫不完。」

「我也不喜歡我們老師。」孩子說著說著，聲音明顯壓低。

「我比較喜歡以前幼兒園的老師，他們不會那麼愛罵人。」

神情言談中，透露著在學校發生了一些不愉快的事。

爸爸說：「唉，她可能是在學校被老師責罵，但是，我們真的沒有時間好好問她詳情。上次好像是因為她拿水壺打同學，因此被老師處罰。」

「不是這樣啦，是因為同學撿到一張沒有寫名字的考卷，就把考卷揉一揉，扔到垃圾桶去。我告訴他，那是我的考卷，把它撿回來，還給我，但是他不肯，還說謊，說不是他扔的，我才生氣起來打他。」

顯然，女孩的父母忙到沒有時間聽孩子在學校的種種委屈。一個孩子在學校，可能被老師責罰、與同學爭執、考試成績不夠理想、好朋友突然不理人了……各種苦惱的情境，都有可能發生。

如果父母無法傾聽孩子滿腹的心事，孩子還能找誰傾訴？

到底女孩與父母何時才能面對面的互動？

我實在很好奇。

「孩子放學之後，在星期一和星期三，我會接她去上美語補習班。星期二，去樂高班，就是玩樂高，這是她很喜歡的。星期四，我帶她上作文課。星期五，則是上圍棋班，訓練她的專注力。

「星期六的上午是閱讀時間，我們幫她訂了《國語閱讀週刊》。下午，我們回去爺爺奶奶家和妹妹聚聚。星期天上午是寫評量的時間。下午，我們會去大賣場買東西。」

聽著女孩的父親訴說女孩每一天的生活。我覺得每一段放學後的日子，都像是高高掛起一個個鳥籠，在每一個鳥籠裡，都塞著一隻肥滋滋的胖鳥。

胖鳥把鳥籠撐到快爆開，而沒有一個鳥籠是空的，全部塞滿、塞足。

戶外活動的時間呢？運動的時間呢？全家一起歡樂遊玩的時間呢？甚至爸爸媽媽說故事，或者一起讀繪本的時間呢？

我完全沒有聽到爸爸媽媽與孩子們一起進行有趣活動的時刻。

於是我說：「星期天可不可以不要每次都到大賣場？到郊外一日踏青也行，或者可不可能安排野外烤肉或露營？現在露營的設備很先進又方便。親子露營正夯呢！」

只見父親面有難色。

他語帶吞吐地回答：「自從妹妹出生以後，我們已經很久沒有出遊了。」

誰知，竟然立即被女孩糾正。

「不是很久沒有出遊，是從來沒有出遊過。」

我很驚訝一個家境寬裕的小學二年級的孩子，竟然從來沒有全家出門遊玩過。

「我太太真的很忙。她工作非常辛苦，每天都拖著疲憊的身體回家。有時她回到家，都已經晚上十點了。」

「對啊，我每天等媽媽回家，等到我都累倒在床上了，她都還沒有回來。」孩子在一旁補充。

看來媽媽真的忙碌到連陪伴孩子聊聊天，都撥不出空來。

「所以星期天，媽媽不想出門，她只想要在家休息。下午去大賣場，其實是我帶孩子去而已。有時候，從大賣場回來，我會帶孩子到附近公園盪鞦韆、溜滑梯。大概只能這樣了。」

父親無奈地，音量愈說愈小聲。

「或許只需要下午的時候，全家一起到海邊玩水、堆城堡，看看夕陽，感覺也很棒喔。」

我始終不願放棄，幫孩子找到可以全家一起體驗另類生活的可能。

「嗯，我太太不玩水，不玩沙。她會嫌弄得全身很髒，又濕淋淋的，還要幫孩子沖洗換衣服，很麻煩。」

我的瞇瞇眼，在那一刻，鐵定瞪大如杏眼了。

看來，孩子只送「空」這樣的禮物給媽媽是不夠的，媽媽還需要「玩」這項禮物。

「好吧，那可不可能早上爸爸媽媽一起送孩子上學，這樣至少有一個時段，是可以全家聊聊天的啊。」

我環顧了一家人的一天，這已經是一家三口（還不是四口啊！），得以團聚的唯一可能時刻了。

「但是，我不喜歡媽媽送我去上學。我寧可只有爸爸送我就好。」

孩子說了讓人不忍問下去的實話。

顯然，我試圖幫孩子找到父母能與她一起相處的機會，但是她並不覺得是必要的。

當孩子漸漸習慣生命中的空缺，或許將它填滿，他反而會覺得太擠。

因為空缺在那裡，已經很久很久。

像是生命有記憶以來，空始終都在。

叛逆期

「媽媽，我跟你不一樣。」

「你如何度過孩子的叛逆期？」

當我演講完，有一位聽眾舉手問了這個彷彿天經地義，凡是被稱為教育／教養的專家都應該會回答的問題。

但是我卻躊躇著。

這是一個像女人必定有更年期般，也認定孩子必然有叛逆期，不容質疑的提問。

「什麼叫叛逆期？可能需要先討論。」

叛逆期？或許是孩子的「自我茁壯期」，也可能是父母與老師的「縮手適應期」。

叛逆期，究竟是孩子違逆大人的旨意？還是大人無法適應孩子刺蝟般的反擊？

「我的孩子沒有叛逆期。」

這是我的答案。

但是並不表示，我與兒子永遠笑臉相見，笑語滿室。更不表示，我與兒子的世界永遠美好，從未陰過天，也未刮過風雨。

只是，我與孩子之間的不同調，總是成為幫我度過「縮手適應期」的關鍵。我視這些轉折是老來學習的契機。

當兒子上國中，他送給我的震撼禮，是從學校學回來的一籮筐「髒話」。

我自己的成長經驗是，會說髒話的孩子，通常是來自會說髒話的家庭。

但三字經從未在我兒時的記憶出現過。我的父親談吐文質彬彬，母親罵人則罵諺語，我們從來沒有機會學飆髒話。

兒子一回到家，一臉臭氣。他走進自己的房間，我只聽到書包往地上用力一扔，接著是腳狠狠踢桌子的撞擊聲，再伴隨著一連串的三字經。

即使在餐桌上，談到不爽的事，兒子一樣毫不避諱，連女性生殖器官都罵出來了。

起初，我要他設身處地想想，在餐桌上，拿他娘的生殖器官出來配飯，讓我非常不舒服。

這樣，我的耳根大概可以清靜一、兩週，但之後就失靈，兒子又故態復萌了。

「你為什麼要罵髒話？」

「因為我實在太生氣了。」

「生氣就一定要罵髒話嗎？沒有別的話可以講了嗎？」

兒子停了五秒鐘，他顯然認真搜尋腦中所有可以罵人的辭彙。

接著，他回答：「沒有別的話可以表達了。只有罵髒話，才能罵得過癮。」

有一天，兒子又當我的面罵了三字經。

我聽了，實在刺耳極了，只好搬出老人家的架式說起教來。

「你知道嗎？如果我不認識你，單憑你說的話來評斷，會認為你是一個沒有教養、不值得信任、粗俗無比的人。這是大人世界對髒話的認知。」

兒子回答：「可是我還不是大人，我們同學大家都是這樣說話。如果說話像你們大人這樣文謅謅的講道理，才會被同學嘲笑。」

兒子給我上了一課。

是的，髒話有多髒，那是大人的認知。

對說髒話的孩子而言，那不過是博得同儕認同的方式罷了。

於是，我們立下了約定。

與同學講什麼話，是兒子的自由；但是，在大人面前，不要說髒話，因為大人無法改變對髒話的壞印象。

兒子考高中基測時，因為那是我第一次陪孩子考重大的考試，所以當母親的我，自然希望處女秀表現優良，對孩子的考試有加分的效果。

入場的鐘聲響起，第一場是考國文，我趕緊備好准考證、筆。

當兒子轉身要離去前，我翹起大拇指，比了一個讚，然後為他加油打氣地說：「我相信你一定可以考得很好。加油。」

結果，兒子毫不領情地瞥了我一眼。

他冷冷地說：「媽媽，你不要再耍白癡了。」

僅留下被一拳擊中心窩，一臉錯愕的我。

這是叛逆嗎？不是，這只是孩子表達他想要脫離母親像照顧小貝比般的呵護罷了。

下一堂考試，我像哥兒們般地拍拍孩子的肩膀，不再說傻話。

第二次陪考，是兒子考大學學測，那更是重大，我甚至因此一夜輾轉難眠。

但一進到考場的溫書教室時，我卻整個人都傻掉了。

一整間教室的氛圍，只差沒有張燈結綵。同學們幾天沒見面，聊天說地，笑聲直貫雲霄。

他們還外叫飲料，完全不是想像中，當年我們考大學聯考時，個個埋首苦讀，人人風聲鶴唳的場景。

我心裡很著急，但是看見孩子們樂成一團，又不便喝令大家安靜讀書去。

只好自己板著臉，默默步出教室，孰料兒子竟跟著我出來。

兒子問：「媽媽，你看起來不太高興。」

我毫不遮掩地回他：「是啊，因為考大學是重要的考試，可是你們卻像兒戲一般，沒有人在讀書。」

「現在讀已經來不及了。」

兒子說的是實話。不過，我的心情依然彆扭。

「至少，你們也要靜下心來啊。這樣吵鬧，等一下怎麼專心考試？」

兒子正眼盯著我，他慢慢說了以下這幾個字：

「媽媽，我跟你不一樣。」

然後，轉身回教室。

兒子淡淡的一句話，對我而言，卻是重重的當頭棒喝。

是的，我的孩子跟我非常不一樣。

他是一個重視朋友情誼勝過一切的孩子。

他是在跑大隊接力比賽時，當隔壁跑道的選手跌倒了，他的反應不是幸災樂禍，而是停下腳步，把對方扶起來，再繼續跑步，即使自己掉了名次也不在意的孩子。

兒子教導我：請認識我在乎的是什麼，請瞭解我的價值觀，請對我有適切的期待，而不是依照你們大人自己以為的順序與標準。

你們的價值觀是你們自己的，不是我的。一如你們的期待，也請放回自己的身上。

不過，在教養兒子的過程裡，自然也不是每回都我挨棒。

高中是個苦悶的年紀，孩子們明明有著發洩不完的精力，但卻被迫把高大的身軀，塞在課桌椅內一整天，然後要他們聽大人的勸，難免句句逆耳。

有一天，兒子的數學老師告訴我，兒子的數學作業都沒寫，要我幫忙盯緊。

於是，某一個風和日麗的週日晨光，我想起老師的囑咐，便走進兒子的房間，告訴還賴在床上的兒子。

「你的數學作業要寫啊。」

接著，我瞄到放在兒子書桌上，一整疊完整、未開封的《空中英語教室》雜誌，我便順口再接一句：「還有，《空中英語教室》雜誌要聽啊。」

就這樣兩句話，惹火了鬱悶的心靈。

兒子提高音調地回：「你以為我都沒有在讀書嗎?!」

我聽出了其中的怒火。

我淡然回應：「我沒有說：『你都沒有在讀書』這七個字。我只說了你的數學作業要寫和《空中英語教室》雜誌要聽。所以，你的數學作業究竟有沒有寫？《空中英語教室》雜誌有沒有聽？」

兒子坐起身來，嘟噥地說：「沒寫，沒聽。可是，好好的星期天，一大早，你就提這種事情，覺得很煩啊。」

我接著回他：「寫數學作業和聽英語雜誌，都是你的事，其實與我無關，我一點也不想談這些事。但是你的老師交代我要叮嚀你，我很忙，只有星期天才有空跟你談這種事，無法選擇適合你心情的時刻。」

過了一個小時，兒子步出房間。

他過來輕輕地對我說：「媽媽，對不起。我不應該這樣說話。」

如何與各種階段的孩子互動，對父母來說，那是永遠不會停的學習。

最近，兒子特別安排了一家三口的日本之旅。

因為是雪地，當車子一抵站，要走出車門時，雖然兒子說不必，我依照過去的習慣，仍然幫兒子遞上毛帽、圍巾、手套。

在一陣忙亂中，毛帽卻不見了。

兒子說：「我自己一個人旅行時，從來沒有掉過東西。你幫我做東做西，只是徒增我的困擾。」

雖然是兒子的真心話。但我的心，卻滲了一些血。

我閉眼，深吸一口氣。

我知道孩子又敲了我一棒：媽媽，我已經長大了，請放手。

我的心隱隱作痛，但還是得縮手。

我的孩子沒有叛逆期。

有的是我捨不得放手。

重考

我們家的孩子是要考醫學系的，不是來打球的。

「就重考啊，沒有別條路可以走了。」向我倒了一卡車的苦水之後，女孩垂頭喪氣地嘟噥著結論，也有幾分像自言自語。

女孩的父親是醫師，母親則專心在家相夫教子，以栽培孩子「成材」為首要職責。醫師世家的命運，像鎖鏈般，鎖住孩子打從娘胎落地之後的人生——你是生來當醫生的，也只能當醫生。

女孩上幼兒園時，是一個活潑外向，毫不怯生的可愛孩子。她在幼兒園學到新歌、新舞蹈，總忙不迭地要表演給人觀賞。女孩稚嫩的歌聲和肢體，配上她努力的表情，無論是誰看了，都會給女孩滿滿的掌聲。

女孩不僅愛唱會跳，還喜歡畫畫、做勞作。逢年過節，來看診時，女孩經常在與我揮手道別之前，遞給我她自己親手製作的卡片。

當我看完診，拖著疲憊不堪的皮囊返抵家門，但只要一打開女孩精心製作的卡片，那一些五顏六色的彩色字體，以及凱蒂貓、米老鼠在眼前飛舞，有時還貼了花姿招展的亮片、貼紙。整張卡片，布滿女孩如夢似幻的美麗夢想……在那一刻，心情頓時都會放鬆起來，讓我沉重的軀體，也想跟著翩翩起舞。

然而，女孩的笑臉迎人，在上了小學中、高年級之後，卻開始漸遠、較淡、漸模糊。

就像所有希望栽培孩子成為全才全能的無敵高手的父母一樣，女孩從六歲開始學鋼琴。

然而聽到音樂會隨著音符搖擺身體的女孩，對於鋼琴，卻似乎缺乏如烈火般的熱情。

有時，女孩來診所，母親會叨唸起女孩鋼琴檢定的進度。不過，女孩通常只是悶不吭聲，鮮少回應。

後來，因為女孩練琴時，太被動，即使母親動之以情，說之以理，甚至流淚苦勸孩子，希望女孩能想想這幾年來的艱辛與付出，當然更多的是父親金錢的支出和母親心力交瘁的督促，希望女孩能勤加練琴。

但是，女孩依舊無動於衷。

因此，女孩的父親一聲令下，鋼琴課被停了。

女孩自己的想法呢？她的意願呢？有沒有人問過她，她喜歡彈鋼琴嗎？

女孩的母親曾經充滿榮耀地與我分享女孩彈鋼琴的一段影片。但當我聽說女孩不再彈琴時，母親錄影片時的喜悅和女孩彈琴時擺動的身軀，也一再地在我腦海裡縈繞……

有一回，母親特地前來與我討論女孩的作文。因為她聽說我小時候是參加作文比賽的常客，所以前來詢問我如何精進寫文章的能力。

我先問女孩的母親。

「為了作文，你已經為孩子做了什麼安排嗎？」

「我四處向我們社區裡的媽媽們打聽。已經問到一個聽說很會教作文的國文老師開的家教班……」

我望著焦急的母親，久久不知如何啟口。

這位母親是如此賣力，賣力到令我不忍，因為我之後說的字字句句，絕對只會澆她冷水，發揮不了支持的作用。

我能告訴她，我的作文是靠從小功課快速隨意寫完，然後鑽到童話故事書裡，讀童話故事，讀到天荒地老，所學來的嗎？我能告訴她，是中學時，我不理何時要考試，而一頭埋進散文、小說堆裡，沉醉到不知今夕是何夕，所練來的嗎？

我瞭解的寫作，是補習班、家教班教不來的，因為文字的泉源、詞藻的想像，只要遇到補習，便煙飛雲散了。

於是，當我坦誠說著閱讀課外書的重要時，母親的眉頭卻似乎皺如麻花，糾結成團。

她深深吸了一口氣，說出難處。

「基本上，她不可能有時間讀課外書。一個星期七天，補習七天。沒有一天不補習的。我們補數學、補英文、補理化。現在又要補國文。

「每天，她六點半起床，一直補到晚上九點多，我才接她回家。回到家洗澡，吃點心，接著複習功課，等到能睡覺時，都已經十二點多、快一點了。她能什麼時候讀課外書？

「週末可能好一點，只補上午。可是，為了讓她補回這一週來的睡眠，我們一定讓她睡一整個下午。至於晚上，還是繼續讀書，因為讀不完啊。」

我再仔細問了這孩子中學生活的作息。驚嚇之餘，我只有嘆息。

這一家三口，他們忙到無法全家一起坐在餐桌上，好好共聚，吃一頓飯。

母親到校門口接孩子放學之前，會事先買好便當，讓孩子在車上囫圇吞棗。

在二十分鐘的車程內，孩子吃完便當後，馬上送孩子到補習班，繼續填鴨、進補。就算回家吃點心，或者週末在家吃飯，也無法在餐桌上用餐，因為母親會把飯菜盛在一個大盤子裡，接著端到繼續杵在書桌前的孩子面前，讓孩子一面讀書，一面用餐。

「連家族聚餐時，爸爸也要孩子把書帶到餐廳，說要善用時間讀書。」母親補充。

「我們夫妻倆的書桌上都放著孩子的評量，爸爸負責教孩子的數學、理化，我負責國文、史地。我們還要超前學校的進度。在月考之前，也要先出模擬考卷，讓孩子先考一次。孩子讀得很辛苦，但我們也不好過啊。」

女孩的青春歲月，就在一間連一間的教室中度過，也在一本接一本的教科書中飄逝。

難道這就是孩子的全部生活嗎？

「孩子會與同學到電影院看電影嗎？」

「沒看過。」

「你們會全家到風景名勝區遊玩、過夜嗎？」

「每年一次吧，不過，孩子讀國三之後就沒有了。高中更是不可能，因為會錯過補習啊。」

我記得女孩是個活潑外向、愛玩愛跳的孩子。

「總有運動時間吧？運動對這年紀的孩子很重要，關係到她的發育與成長。」母親說：「對，她就是太愛運動了，還差一點選上學校的排球校隊。我先生一知道這個消息，馬上打電話給導師，跟老師說清楚：『我們家的孩子是要考醫學系的，不是來打球的。』」

我曾經趁著女孩自己來看診時，問過她的興趣。

「你最喜歡做什麼事？」

「我最喜歡設計。即使到現在，學校的教室布置，都是我主導設計的。那是我上學最快樂的時刻。只是，我不敢讓父母知道，他們又會怪我浪費時間。罵我為什麼不把時間花在讀書上呢?!」

學測放榜之後，不如預期的成績，早已註定了女孩的命運。

十幾年來，我眼睜睜看著一個熱情的生命，漸漸淡漠，乃至沉寂於父母的雙掌中。

家

三歲，他被送離開了家，對「家」應該是沒有印象的。但是，他的畫，處處是家。

哪一個孩子，不是在父母懷胎孕育下生到人間，然而，並非每一個孩子都能在父慈母愛，兄姊友弟妹恭的家庭環境中長大。

有的孩子是成長於一群毫無血親關係的人之中。

他們住在育幼院。

當我首次受邀到育幼院演講時，內心其實非常忐忑不安。

我要面對的不是一群關心自家孩子未來，對於教養孩子擔憂無措，期待我的錦囊一打開，就能妙計紛紛迸出的父母，也不是負責孩子的傳道、授業、解惑，注重班級管理的老師，而是一群職業是社工，還要兼任家長、課後老師，因此只靠其職業能力絕對不足，還必須擁有「人不獨親其親，不獨子其子」大同思想的胸襟。

我要如何感動這群應該已經鞠躬盡瘁的聽眾呢？

等我演講完，從頭聽到尾的院長站起來做總結。

這是每回演講時，決定成敗的關鍵時刻。

因為，聽長官怎麼說，我便心知肚明，今日是白費口舌呢，還是發揮喊水能結凍的能耐了。

我豎直了耳朵，但仍無法猜測出院長可能發表的言論風向。

結果，院長未語先哽咽。

如此激動的反應，著實讓我因為感動與感恩而全身發熱、滾燙。

院長說：「我一面聽，一面在思考。我們對孩子訂下許多的規範，是有必要的嗎？我們要孩子遵守規範，結果規範愈訂愈多，卻造成孩子犯規愈頻繁，孩子也更加挫折。然後，我們便認為是孩子有問題，甚至要他服藥變乖、能順從。這樣對孩子，是好的嗎？還是我們只是為了方便行事而已？我們需要反省自己對待孩子的方式了……」

院長說來誠懇，聽者無不動容。

回來之後沒多久，我便接到育幼院的訊息。

「佳燕醫師，我們育幼院有一個孩子，上小學一年級。本來他只是有學習遲緩的問題，現在老師又說他好像是過動兒……」

我們約了見面的時間。社工員帶著滿臉歡喜的孩子進來診間。

「阿姨帶我來高雄玩，我當然開心啊。」

我望著孩子快樂的笑容，反映著純真的滿足。

我也跟隨他的笑容，笑滿懷。

孩子帶我回到純淨如水透晰的喜悅，簡單如盤古開天最初始的欲求——能出門遊玩，便喜樂充滿。

孩子是有父親的，但因為無法承擔一個人養四個孩子的重擔，所以只好把最小的孩子送到育幼院。

那一年，母親也離他們遠去，孩子才剛滿三歲。

剛上幼兒園大班時，老師就向育幼院家長反映。孩子的學習進度遠遠落後於其他同年齡的小朋友，孩子可能有學習遲緩的問題。

我詳問了社工員，孩子當時在學習上，究竟有哪一些部分明顯落後了。

「唉，其實，在五歲之前，育幼院著重在培養孩子生活自理的能力。孩子要學很多事情呢，要學會自己上廁所，自己摺棉被，自己穿衣脫衣、穿鞋襪脫鞋襪。東西用完要放回原位，自己玩的玩具自己要會收拾。我們都覺得孩子的年紀這麼小，能學會做這些事情，就已經讓人既心疼又欣慰了。我們並不著重教導認字、寫字，因為我們想那一些應該是到幼兒園大班再學就可以了。」

我完全認同育幼院的理念與做法。

我心裡也暗自對照起我身邊幾位有父有母的小孩，那些孩子的自理能力可能遠不及這些育幼院的孩子。

「謝謝你的認同。可是，幼兒園的做法並非如此。大部分的小朋友都是從小班，至少中班，就已經開始練習寫阿拉伯數字和注音符號。所以到大班時，有些小朋友已經會注音、拼音了。我們的孩子，別說拼音，連ㄅ、ㄆ、ㄇ、ㄈ都不認得啊。我們是上大班才開始學寫１、２、３……所以開學兩個星期，老師發現我們的孩子完全在狀況外。經由我們的解釋，幼兒園的老師才瞭解。不過，老師還是提醒我們，也許帶孩子去評估一下，以防萬一，也是好的。」

眼前的孩子，正轉著椅子。

「轉著椅子」這個動作，最好不要在醫師面前做，因為醫師的腦袋可能會閃出好幾個疾病的可能。

我還記得有一位從德國回來的特教老師，曾經氣急敗壞地告訴我，他帶兒子去看小兒科，那時他兒子一坐上轉轉椅，就開始轉得天昏地暗，因為這是家裡的椅子幾乎不可能有的功能。

結果，小兒科醫師立即告訴他：「你的小孩可能有過動症。」

雖然他只是帶小孩去看過敏。

轉著椅子，孩子的表情透露著像是坐在兒童樂園轉轉杯裡的幸福。

我氣定神閒的與孩子聊。

「你喜歡上什麼課？最不喜歡上什麼課？你平常放學以後都做什麼事呢？你喜歡玩什麼玩具？有沒有好朋友呢？是誰？你都跟好朋友玩什麼呢？」

這孩子坐在椅子上，一邊轉著，一邊回答我。

「我最喜歡上體育課啊。因為可以跟朋友玩啊，我跑很快喔。我最討厭國語，因為老師都教很難寫的國字。我放學回家就寫功課，洗餐盒，倒垃圾，出去找弟弟妹妹玩啊。我有很多好朋友，他們是……我們一起玩樂高、畫畫，還有刺洞洞。」

這孩子記不住任何一位老師的名字，倒是對小朋友的名字記得一清二楚。

「什麼是刺洞洞啊？」

孩子花了很大的力氣，看得出來，已經盡其所能的希望我也能領會「刺洞洞」有多好玩。

孩子恨不得我們可以一起玩。

可惜我悟性差，一再讓他失望。

「你們會一起畫畫？你喜歡畫畫嗎？」

「我很喜歡畫畫。我畫給你看。」

孩子的筆觸穩定熟練，不論是畫直線、畫圓圈，還是畫人的造型。

他毫不猶疑地畫完一張圖，並慷慨地與我分享。

「這是我的家，裡面住著爸爸、媽媽、兩個哥哥、妹妹和我。另一棟房子住著我的阿公、阿嬤，樓下有好幾個警察保護他們。我們家有大樹圍繞。你看，我們家外面來了一個壞人，但是，沒有關係，警察馬上就把他抓走了（孩子在警察的手上畫著手銬）。警察把壞人抓到這裡關起來（他特別換了不同顏色的筆，來畫關著壞人的鐵欄杆，以凸顯關在裡面的壞人）。警察會好好看著他，不要怕。」

我望著孩子，孩子仍兀自看著他的畫，滔滔不絕地解說著，而我的眼眸已布滿淚光。

三歲，他被送離開了家，對「家」應該是沒有印象的。但是，他的畫，處處是家。家，是他永遠的想念與想像。

我與社工員談話時，孩子在一旁繼續畫著。

一邊畫，孩子一邊哼起歌來，歌聲揚起，隨興如同在河中游水的小魚兒。

與他們道別，我送他們步出診所大門。
我聽到社工員問孩子：「今天好玩嗎？」
孩子快速地回答：「好玩。」

我掩上門，停在門後。
有好一陣子，挪不開腳步。
孩子，今日，我因你洗淨一身塵囂繁華，成了簡單樸素之人。

輯二

大人們，你們究竟要把我變成什麼樣的孩子啊？

基因

父母都是留美博士的大學教授，這似乎已註定俊儒的一生。

父母都是留美博士的大學教授，這似乎已註定了俊儒的一生。

俊儒的母親在生了兩個女兒後，隔了五年，好不容易才生下一個兒子。

大家都傳言，俊儒是透過精蟲分離術，花了數十萬元做來的。母親雖然貴為大學教授，卻仍然無法逃脫傳統傳宗接代的緊箍咒。能夠生下俊儒，母親也鬆了一口氣。她終於為獨子的先生家，盡了傳後的責任。

身為嫡長子的俊儒，爺爺、奶奶自然是捧在手心裡養。

當俊儒的媽媽抱著兩個月大的俊儒來打預防針時，我只不過問起孩子是餵母乳，還是喝配方奶，母親竟已淚灑診間。

原來俊儒的媽媽一心一意想要親自餵母乳，可是公婆卻認為媳婦長得瘦小，母乳可能不夠營養，所以應該要買最貴的奶粉，再添加許多種營養品，那樣才能養出圓嘟嘟的金孫。

最後，俊儒的母親餵母乳，但俊儒卻黃疸不退。

診治俊儒的醫師認為黃疸與餵母乳有關，此話一出，公婆便將指責之手直指媳婦，怪罪媳婦要夫家無後。

可想而知，母親養俊儒是如同養皇太子般，背馱三顆巨石，胸壓兩斤鋼筋，完全喘不過氣來。

從小，俊儒的家裡就四處貼滿「教學海報」。桌上貼著「Table」，牆上貼著「Wall」，電話上貼著「Telephone」，浴室外貼著「Bathroom」……一間房子裡，貼滿五顏六色的英語教學海報。

大人深深期待俊儒能繼承父母留美的一脈傳統，不言而喻。

雖然如此用心，不過因為俊儒的父母都忙於工作，當他們下班，從保母家帶回孩子時，通常也無力對孩子再多說什麼、多做什麼，因此俊儒反而比同年齡的孩子語彙少，手腳鈍。

等兩歲半一到，俊儒便被帶去幼兒園。俊儒的父母期待幼兒園可以協助俊儒的發展，或許能急起直追。

但是過了一年，卻不見顯著的改善。

俊儒仍然只愛坐在地板上玩小汽車，或看電視上的卡通影片。俊儒看卡通影片，可以看到發傻般張著嘴巴，連口水滴到衣襟上，都渾然不知。

親友眼見快四歲的俊儒，仍然無法說出完整的句子，更不用說講故事、唱遊、說英語了，便勸他們為俊儒轉學。

「這孩子不適合讀那一種標榜蒙特梭利教學的幼兒園，根本學不到東西。你們把他轉去讀雙語幼兒園。那一種幼兒園比較嚴格，還有作業會讓小朋友回家練習，一定可以改變俊儒。你們兩個人的基因這麼優秀，生下來的孩子，就算不是人中龍鳳，也絕對是聰明絕頂。沒問題的。」

於是，俊儒在四歲便開啟了坎坷的學習之路。

在親友的引薦下，俊儒轉到雙語幼兒園。

但讀了三年，俊儒並沒有被訓練出伶俐的中、英語會話能力。

相反的，他更退縮，縮在自己的玩具小汽車群裡。

如果問俊儒在幼兒園學了什麼，一問三不知，而俊儒忙碌的雙親也無暇多瞭解。

沒想到，俊儒在上小學之後，「小白癡」、「小笨蛋」的綽號，竟然如影隨形地跟著俊儒。

明明注音符號在幼兒園早已學過，但俊儒卻完全陌生，必須從頭學起。

從平時考到月考，俊儒從來沒有考超過五十分。說五十分，其實是誇張了。老實說，俊儒難得考超過三十分。

雖然學習成績差，但俊儒上學時，倒是聽話、不吵鬧，不會造成老師困擾。

聯絡簿上，除了考試成績不佳，以及上課發呆外，也並沒有太多令老師費神傷腦筋的事。

但是單單學習情況，便足以讓俊儒的父母急著帶孩子，遍訪兒童身心科名醫。一位醫師說孩子沒有問題，是雙親的問題比較大。醫師認為，誰說虎父就不能有犬子，誰說龍生龍，鳳生鳳，老鼠生的兒子必定要會打洞，醫師要父母接受俊儒與他們大不同。在台灣這種教育環境下，俊儒無法有好的學習成果。

另一位醫師，卻有不同的看法。他說俊儒是注意力不足過動兒，建議服藥。

我則詢問俊儒平日在家的作息。

原來，俊儒在家休閒時，除了看電視，還是看電視，甚至連電腦都不常玩。因為姊姊們與俊儒的年齡差距太大了，所以俊儒幾乎都是自己一個人玩。俊儒的父母雖然忙碌，對俊儒仍然極盡栽培之能事。

他們讓俊儒六歲時學拉小提琴，可是俊儒一點興趣也沒有。上課時間到了，小提琴老師來到家裡，俊儒竟然跑到房間，把門反鎖，躲起來。

母親送俊儒去學美術，美術老師說今天的主題是動物園，但是俊儒卻畫了一堆亂七八糟的機器人。

父母送俊儒去學游泳，俊儒嚇到站在游泳池一角哭。送俊儒去學網球，網球教練要求俊儒母親換教練吧。

俊儒說他上課聽不懂，老師寫的板書，他也看不懂。

於是，我在診間找了一本繪本，請他唸給我聽。

我發現俊儒不僅注音符號的拼音還沒學會，跳字跳行得很嚴重。有許多俊儒這年紀應該認得的字，他竟然認不了幾個，顯然閱讀有困難。

我寫了簡單的加、減法計算式，請俊儒演算。

俊儒卻盯著數字，兀自呆著。

我問他：「怎麼了？」

他說他不會算。

於是我拿出一疊一塊錢的銅板，以銅板做買賣，如同簡單的加減法。

俊儒學得很快，這對他來說毫不困難。

我想，俊儒並非是智商有問題，而是無法透過老師在台上一邊說一邊寫的傳統教學方法來學習，他需要具象。

俊儒也無法透過閱讀文字、書寫文字來表達所學，他需要有其他測驗方式的選擇。我曾聽過一位同樣有書寫困難的孩子，從國中起，他便被允許帶電腦上課。所有的報告，他也都被允許以電腦作答。

我告訴俊儒的父母，孩子需要另類的學習方式。可是從他們後來為俊儒選擇的學習之路，顯然他們並不以為然。

有親友建議幫俊儒從公立小學轉到住宿型的私立小學。他們認為台灣的教育既然不適合俊儒，那麼就嘗試非主流的國際學校。

於是俊儒再度轉學，轉到一所非常高級的私立學校。據說這一所學校的學生，幾乎全是非富即貴的富家子女。

俊儒雖然也是出身書香世家，但是因為從小被嘲笑、欺凌，他不僅毫無傲氣，甚至有一些自卑。

從私立小學畢業的俊儒，當我再見到他時，已非昔日吳下阿蒙。

俊儒說話時，拿F開頭的字當逗點。當他不以為然時，會伸出中指。一下子口出女性生殖器官，一下子男性生殖器官。

從前那一個羞澀不語的男孩不見了。

我想這是他學來的自保方法。

他要說得比其他同學還要黃，才能在班上安身立足。

有一天，俊儒與他的父母一起前來。其實我從街頭的議論中，多少已聽聞。

俊儒在學校附近的文具店偷竊，被老闆抓到了。

他的父母前往求情，文具店老闆念在孩子還小，只有口頭告誡一番，俊儒的父母最後賠償十倍了事。

我問俊儒：「你的家境優渥，並不缺錢，原子筆多到隨手都有，為什麼還要去偷原子筆？」

俊儒說：「因為同學們嘲笑我是膽小鬼。他們打賭我不敢偷，我就偷給他們看……」

雖然經過這些風風雨雨，然而父母給俊儒的晉身貴族訓練課程，還是沒有停歇。

父母要俊儒去參加「小紳士、小淑女訓練班」，接著，又幫他報名口才訓練班。

但是俊儒總是不以為然地說：「他們很愛說英語，我就故意講台語。會說英語，就比較紳士嗎？騙誰啊。我就故意罵三字經給口才訓練的老師聽。講話講到捲舌，自以為就很行嗎？全部都是裝腔作勢，好虛偽。」

俊儒不再游泳，也不打網球了，小提琴更不曉得被丟到哪裡去了。

俊儒踢跆拳道。他雖然身軀矮小，倒也踢得虎虎生風。顯然發狠勤練，下足了苦功。

他說：「不需要寫字，也不必背書，沒有人敢嘲笑我，因為我一腳踢下去，你就會痛到在地上滾。只有在踢跆拳道的時候，我感覺一切都是真的。」

基測

「我想要考一所離家裡愈遠愈好的學校，最好可以永遠不必再回家。」

「哈哈哈……」只要一聽到這響徹雲霄的笑聲，大家就知道，是靜兒來了。

靜兒其實不是她的本名，只是她從出生起就聒噪吵人，所以父母便幫她取個「靜兒」的小名。父母希望藉「靜」來鎮住吵鬧。結果，自然是徒勞。

看診時，即使是坐在診間，我也很容易就能知道她來了。

因為從四歲，靜兒讀中班開始，只要她一踏進診所，便忙著跟護理師阿姨問好，再跑到藥局，與藥師伯伯打招呼。問好，只是一個開端。之後，她會搬一把椅子，坐到護理師阿姨旁邊，再把今天在幼兒園發生的小不隆咚的大事，都一件件地與電話一通接過一通的護理師阿姨分享。

靜兒說的時候，語調高昂，還不時伴隨著仰頭的大笑聲。

等靜兒一進到診間，她一定是大嘴一裂，口角笑到耳朵下。接著，再跳上診療椅，轉圈圈之後，完全不勞父母多話，她自己就說個不停。

有時來看診的症狀，似乎並非重點，而是靜兒自己編的故事。

靜兒說得天馬行空，好不熱鬧。

我總是含笑接話。不過，要跟上她飛躍式的想像力，真的也得打開我那封閉已久，還未被繁瑣不堪的塵世污染的幻想能力，所以，雖然看診工作繁重，但是，我非常享受與她閒話幻想的過程。

在那一刻，我有重返童年的喜悅。

靜兒上小學之後，漸漸的，她在學校發生的事、惹出的禍，就成為看診的主訴了。

「醫生阿姨，為什麼夏天天氣熱得要命，我卻不可以把衣服脫光光呢？」

原來，已經上小學一年級的她，在上完體育課，臭汗淋漓之後，竟然全身脫光光到只剩一條內褲，還怡然自得地在教室內晃過來，晃過去。

老師緊急通知母親到學校。老師希望瞭解靜兒在家裡的情況。

靜兒的母親無助地看著我。

我極度心虛地告訴靜兒：「嗯……嗯……因為我們是人，不是小狗、小貓，所以，社會規定每一個人都要穿衣服。如果沒有穿衣服，會被當作是小動物，而不是人。尤其是女生，女生不穿衣服，容易被壞人欺負……」

說到這裡，連我都說服不了自己了。

「為什麼尤其是女生？」

我早就料到機靈的她，一定會這樣問。

我與靜兒的母親對望。

女孩啊女孩，我不知道如何跟六歲的你，談性慾，談性別不平等啊。

隨著年級愈高，靜兒的功課壓力愈大，她的笑聲也愈來愈小。

有時候，甚至連靜兒已經來了，我也不知道。

經常是我走出診療室，上洗手間時，才看到她默默地坐在候診室。

靜兒在候診室，低著頭。

一面讀書，一面吃便當。

靜兒的母親偶爾會帶著靜兒學校的聯絡簿來看病。

功課沒有交、考試成績太差、粗心大意……聯絡簿上，總是這些讓父母看得揪心，孩子自己看了氣餒的評語。

可是，靜兒讓人驚豔的想像力呢？她願意與朋友分享的熱誠呢？她不理常規、傳統，凡事追根究柢的精神呢？

這些無比美好，如此難得的德性，為什麼靜兒在學校沒有被發現？沒有被誇讚呢？

我納悶著，但也了然於心。

因為想像力、熱誠、打破砂鍋問到底的精神，不僅學校的考試不考，與成績、名次無關，甚至反而還會影響她寫作業的速度，降低她準備考試的效率。

想想看，有多少公式、多少文章，如果還要經過思索為什麼的關關卡卡，那要費多少時間與精力啊。還不如就乖乖地按表操課，快速達標。

小學五年級升六年級的那一年暑假，靜兒興高采烈地跑進我的診間。

她一屁股躍上診療床，背靠著牆，兩隻腳悠閒自在地空晃著。

暑假，沒有聯絡簿的日日緊迫摧殘，靜兒明顯放鬆許多。

「怎麼樣？看起來，暑假應該過得還不錯喔。你暑假做了什麼好玩的事呢？」

我輕鬆地問她。

沒想到，卻換來靜兒滿腹的牢騷。

「哪有什麼好玩的事。我爸爸逼我背一堆詩詞和文章。〈長恨歌〉、〈水調歌頭〉、〈出師表〉……每天背，背完還要考試。如果我沒有背好，爸爸就罰我抄寫，抄寫到我背起來為止。我也不知道在抄什麼。反正，我現在就是當『抄人』啦。我爸爸說要背這些，國文程度才會好，作文分數就能拿高分。他說，我現在恨他，沒有關係。總有一天，當我用到的時候，就會感謝他了。李醫生，你以前成績應該很好吧，你也都有背這些嗎？」

我多麼希望自己小時候，也是這樣背大的。

只可惜，我不是。

我是現代小說、散文餵養大的。

還記得兩年前，有一回，靜兒氣憤難平地走進診間。

我問她：「你怎麼了？」

看得出她怒火中燒。

她說：「我們昨天做實驗，我的實驗結果失敗，沒有做出來。於是，我誠實地寫：『實驗失敗』。老師看了後，還是給我分數。可是，被其他的同學看到了，他們回家就向他們的父母告狀。那一些吃飽太閒的貴婦、貴夫，今天竟然跑來學校跟老師抗議，說不應該給我分數。干他們什麼事啦。老師怕得罪他們，因此要我把實驗報告交回去。老師重新改了分數。我那一題變成零分。」

望著眼前這位已經長到十三歲的女孩。突然間，我非常懷念那位編故事編得比《天方夜譚》還精采的小靜兒啊。

最近一次，靜兒戴著鴨舌帽進來診間。

我狐疑地看著她。

當她脫下鴨舌帽時，眼前的景象，嚇得我久久說不出話來。

她的左眼眶瘀青一片。

而更讓我心疼的是，在她那淚流滿面的秀麗臉龐上，仍然抿著一張桀驁不馴的嘴。

那一張嘴，曾經讓笑聲布滿我整個診間，更曾經迫不及待地要與所有人分享她如泉水湧出，源源不絕的奇思幻想。

「發生什麼事了？」

「我爸爸打我。」

「他為什麼打你？」

「我基測考糟了。」

「基測考糟了，沒有那麼嚴重啊。可以重來，也可以讀專科學校啊。」

「但親戚們來都說：怎麼會生出這種小孩？說我媽媽把我帶壞了……可是，又不是每一個人都會讀書，都會考試啊。又不是每一個人都能考第一名。」

我只能抱著靜兒，陪她默默流淚。

是的，又不是每一個人都能考第一名。

靜兒這樣的孩子，不是生來考第一名的。

靜兒可以有更燦爛的表現，只要大人願意張大眼，好好地看她、聽她、陪伴她。

青春人生不是唯有考試、讀書這一齣戲，我們還有許多戲碼可以上演。

「你有什麼想法呢？準備怎麼辦呢？你媽媽怎麼說呢？」

「我想要去考一所離家裡愈遠愈好的學校，最好可以永遠不必再回家。」

我在靜兒的臉上，看到非常陌生的表情。

那是一種如戴上面具，眼神冷到讓人從心底寒起的表情。

寫字機器人

不讓孩子當小朋友，要他們當寫字機器人。

「既然你如此擔心孩子的學習跟不上其他同儕，當初為何要讓孩子讀那一種沒有教寫字，也沒有背注音符號的幼兒園？」

面對我如此直白的提問，文文的母親一開始有些驚訝。

接著，她停頓了一會兒，然後含淚告訴我：「因為我想要給她一個快樂的童年。」

面對文文母親說出來的答案。我盯著她看，足足有一世紀之久。

在盯著文文母親看的同時，原本快到嘴邊的一些話，我嚥一嚥口水，把那些話給吞下。

那一些被我吞下的話是：「你不知道嗎？在今日的台灣，要小孩有快樂童年，大人和小孩都要付出代價的。如果付不出代價，就千萬別嘗試。」

我兒子剛讀小一時，也是歷經了震撼教育。

因為兒子讀的是有一片大草原，有許多小動物，有沙坑可以玩沙，有地洞可以鑽，甚至有桑葚樹結果實，隨時可以摘來吃的幼兒園。

在那一所幼兒園裡，玩耍和雙手操作是他們的主要課程。更多的時刻，幼兒園是讓孩子把鞋、襪脫了，就在草原上奔跑。當夏天天氣熱時，老師甚至會拿著大水管噴水，把小朋友們噴得全身清涼、爽快……

這樣讀幼兒園，等到兒子上小學時，自然如同一隻誤闖叢林的小白兔，被殺戮得皮綻肉開。

當母親的人在一旁看著。如果不會手心冒汗、膽戰心驚，那必定是天賦異稟之能人。

要快樂的童年，同時就得接受不快樂的學業成績。

大人如果無法忍受這樣的成績表現。那麼，寧可不要冒險奢求快樂的童年。

「我以為你既然刻意要讓孩子讀這一所幼兒園，那麼，應該早就做好心理準備。當你的孩子要上小學一年級時，會需要一段很長的適應期。尤其是國語和數學，通常會落後其他的小朋友一大截。」

結果媽媽回答我：「有啊。我有先做好心理準備了。只是當我收到這張考三十二分的考卷時，我還是被嚇到了。這也太離譜了吧。」

「顯然你以為你心理準備好了，但是，事先沒有打聽清楚，要準備到什麼程度。就像防颱準備，你以為只有輕度颱風，結果來了強烈颱風，是這樣嗎？請問你做了什麼準備呢？」

媽媽沉默不語。

「你知道小學和文文讀的幼兒園差距有多大嗎？」

本來問媽媽的話，文文倒是搶著回答了。

「小學有鐘聲，幼兒園沒有。鐘聲響了，不可以再玩，要趕快坐好。」

我和媽媽都被文文純真而切實的回答給惹笑了。

是的，我腦袋裡想到了許許多多這一類的幼兒園和小學的差別，可是就是沒有想到「鐘聲」。

是否我們太習以為常，以至於完全忽視鐘聲對上學行為的約束？

學校有太多的設計，是基於方便管理，是基於對團體的統一規範。在這一些設計中，不會考慮個人。所謂的個人特質，更是不容許出現。

但是，對於從自由自在，講求順性發展的幼兒園中萌芽的孩子，所有這些刻意的約束設計，他們都得被迫馴服，然後削履切足來適應。

「媽媽，你知道其他看起來讀小學，讀得如魚得水，完全跟得上老師進度，表現得人人誇讚的小朋友，幼兒園是怎麼過得嗎？」

我想要讓文文的母親瞭解「吃得苦中苦，方為人上人」的金科玉律，是從幼兒園便適用了。

「文文讀幼兒園的時候，回家都在做什麼？」

「玩啊。她會到中庭騎腳踏車，或在家玩玩具。她最喜歡玩小布偶了，她還會自己編劇，經常雙手各拿一隻不同的小動物布偶，然後走來走去。這樣，她也開心。有時候，她會像角色扮演一般，自己一個人當媽媽，又當小孩，或假裝自己是小狗，很自得其樂。」

「恭喜文文。看起來，她在六歲之前，真的像個孩子一般歡度童年。但是，那些在小學適應良好的孩子，可沒有這麼幸運喔。他們像是提早入學的孩子，從讀幼兒園開始，有的從中班，有的更歹命的，從小班便開始了。他們有課表，而課表的內容，可不是什麼『角落時間』、『戶外活動』，而是數學、語文、英語、社會、藝術……

「我有一名讀中班的小病人，因為罹患急性扁桃腺炎，我要她在家休息三天，等燒退了，再上學。結果，才第三天，幼兒園老師就打電話來了，說擔心孩子再不來上課，會跟不上進度。我當年讀幼稚園時，因為長麻疹，在家玩了一個月，都沒有跟不跟得上進度的問題啊。」

「我以為幼兒園就是小朋友去做做美勞，聽老師說說故事，唱唱歌跳跳舞演演戲。沒想到幼兒園也有進度？」

這一位母親顯然長年沉潛在「快樂童年」的同溫層裡，不知道真實世界，已到險惡的「類虐童」境界。

「那些幼兒園不只已經按表操課，小朋友也早就習慣了鐘聲。制約機制早已內化為反射行為。他們每天回家還有作業。作業不是開玩笑的畫一張圖、讀一本繪本，而是完全『小學化』的作業。

「例如：注音符號抄一遍、A、B、C、D寫一輪、數學評量寫一張……當文文現在每天與ㄅ、ㄆ、ㄇ、ㄈ奮戰時，你要知道有一些同學，而且可能不是少數，早已練習這些遲早會的東西一年多了。

「他們對拼音非常熟稔，甚至連國字也已開始書寫。別人已經操練了一年，甚至兩年，文文才學了一個月，因此落後一大截。你覺得納悶嗎？需要擔憂嗎？我們也知道，學習這些東西，並不困難。假以時日，孩子總會慢慢跟上。所謂『不要輸在起跑點』，只是揠苗助長的偽裝說詞。孩子的學習，不急在年幼時，而是要看遠。」

我相信文文的母親其實了然於胸，應該是有其他的顧慮，尤其周遭的眼光和閒言閒語，確實足以令人食不下嚥，睡不入眠。

她說：「我們並非在意她的成績，只是擔心她考試老是墊底，會傷了她的自信心。」

唉，諷刺的是，傷害孩子的自信心，好像是我們的教育做得最成功的一件事。

「文文是幸運的。她到了小學才開始被填鴨。你知道嗎？許多孩子在幼兒園時，就已經有月考、期末考了。他們從四、五歲，便開始體會考試分數帶來的後續效應。考高分，老師和父母恩賜獎勵和掌聲。相反的，考差了時，大人給臭臉、責備和懲罰。在他們還來不及知道考試的本意時，便被分數給綁架了。

「我們可以告訴文文，考試的本意只是要知道學生懂了多少，還有哪一些內容是自己不會的。就算不會，原因有很多。可能是老師教太快，也可能是教法，學生聽不懂，還有一種可能是：孩子不覺得考試需要嚴肅以對。」

這是大人和小孩的極大差異。

大人在乎結果的分數高低，小孩卻在乎過程的趣味性多寡。

「讓文文知道，考試只是要瞭解她學會了多少，請跟她強調她已經會的。如果還有一些不會的內容，那麼，我們再補強就好。

「告訴文文：『為什麼其他同學都會寫呢？其實，不是他們比較聰明，而是他們比較可憐。他們在你玩遊戲玩得很開心的時候，就已經在寫字、背書了。寫這麼久，背這麼久，當然都會寫了。我們再多學一陣子，自然也就會了。』」

說其他同學很可憐，文文在一旁聽了，笑了。

媽媽猶豫地說：「這樣說別的小朋友，好嗎？」

我只好回答：「不然，只好說那些小朋友的父母很殘忍。孩子還那麼小，都不讓他們玩，就把他們送去一直寫字。不讓他們當小朋友，要他們當寫字機器人。」

媽媽瞪大眼看著我。

我正眼回應她：「我不是開玩笑，我是說真的。」

數學天才

這是一個述說著國家如何流失人才的故事。

偉偉是典型的數學天才。他不是苦讀硬讀、找名師補習、請私人家教，人工製造出來的天才，而是無需加工、卓然天成、名副其實的天才。

從小學高年級起，學科的內容，已經不再是只要熟背九九乘法表、拚命寫評量，就能拿高分的年級了。

但偉偉的學業成績永遠是全校第一。尤其驚人的是數學，他從來沒有失手過任何一分。

考數學的時候，他駕輕就熟到可以全班第一個交卷，卻依然拿滿分。

大家都說，因為他的父親是數學老師，這等於是請了免費的二十四小時家教，隨時隨地都可以幫他加強數學。

升上國中後，偉偉的名號，只要是同一年級的「好」學生們，往往無人不知，無人不曉，簡直響徹全市。

雖然偉偉就讀的國中是競爭激烈的大名校，可是，偉偉的數學依舊滿分。不僅如此，他也總是全校第一名。

雖然偉偉根本不需要補習，但每一家補習班都想要拉他進他們的補習班。別的同學是繳錢上補習班，偉偉卻恰恰相反，是補習班捧錢到家裡，拜託偉偉只需要讓他們的補習班掛個名字，即使是貼個相片，也好。

不過，聽說，這些利誘通通都被有骨氣的偉偉父親給悍然拒絕了。

同學們私下談八卦聊起來，總是不免扼腕，大嘆可惜了。否則雖然成績遠遠在大家之上，但是一點也不擺架子的偉偉，應該會請大家吃冰、喝飲料啊。

偉偉的人緣極佳，因為他並不是典型的書呆子。下課，他跟同學一起打籃球、踢足球；體育課、音樂課、美術課，這些與升學、考高中無關的課，他也都上得很投入，不像其他成績也是前幾名，志在第一志願的同學，只要上到這類無關考試的課，他們就直接嗆說上這些課是浪費時間，根本不理會老師，只顧讀自己的書。

老師因為這些學生成績好，也不會糾正他們。反正，這所學校擺明了只要多幾個考上第一志願的學生，讓學校掛在校門口的紅布條名單，拉得愈長愈好，能維持這所學校升學霸主的名聲於不墜，其他，也都無所謂了。

另外，偉偉還有一個讓同學不會因為他總是霸占了第一名而不爽的優點，便是他非常熱心，經常主動教導其他同學。

即使月考時間緊逼到眉梢，已經到了六親不認的時刻，大家埋首讀自己的書都來不及了，幾乎所有的同學都不願被打擾。此時，如果有人白目，還拿著不會解答的題目，四處找人詢問，那麼，絕對是碰壁連連，一再被白眼侍候。

可是，大家都知道，有一位超強的救星，永遠不會拒絕大家。

無論何時，他都會回答大家的疑問，而且和顏悅色，問無不知，知無不答，那就是偉偉。

考高中時，毫無意外，偉偉以全校第一名的成績，考上第一志願。

而最拿手的學科——數學，他拿了滿分。

「數學天才」的桂冠，也就在此時，由老師、同學們悄悄為他戴上。

升上高中，數學艱難的程度，已經不是靠下苦功夫，便能迎刃而解了。偏偏這所第一學府的數學老師，一向以刁難學生為樂聞名。數學考題之艱深，大概得有大學數學系的程度，才能考到及格。

數學老師們其實也認為這些考進第一志願的學生，在國中，學業成績都是班上的佼佼者，帶著幾分睥睨天下的傲氣，因此，故意考難一點，想挫挫他們的銳氣。

果然，第一次的高中月考。當數學一考完，在學生之間，簡直是哀鴻遍野，慘不忍睹。

不要說考高分，能考及格的學生，都寥寥無幾。

依照過去的經驗，為了避免太多學生留級，學校的做法會是全體加分。例如：每個人都加二十分，所以原來考四十分的同學，變成六十分。

可是，在那一年，學校發現無法援用前例。

因為全校雖然沒有人考八十分以上，但是偉偉不只考八十分以上，竟然還考了九十八分。他只不小心錯了一小題。

學校最後只好決定不加分，而是原來的分數開根號，再乘以十，也就是只要考三十六分，就可以及格了。

從此，偉偉的數學天分，成了全校的焦點。

每天一大早，同學們把想了一整夜，也解不出來的數學題目，放在偉偉的桌上。

等偉偉一到校，只見他眉頭微蹙，運筆急飛。道道難題，全部化解。

有一回，同學實在太想看他被考倒的神情，所以寫了一道無解的題目，放在他桌上。

結果，太讓同學大失所望了。因為，才五分鐘不到，偉偉抬起頭來，告訴給他題目的同學。

「你題目抄錯了。這一題沒有辦法算。」

這是百年難得一見的數學天才啊。

偉偉讀到高三時，他的大學志願是「醫學系」。

數學老師知道後，特別與導師一起專程到偉偉家，拜訪偉偉的父母。他們想要力勸偉偉就讀數學系或任何理工科系。

那一次的拜訪，在學校傳遍了。結果是徒勞無功。

偉偉的父親毫不讓步，他堅持要偉偉讀醫學系。

他告訴老師：「我家共有三個兄弟，我排行老二。我們其他的兄弟，都是醫生，只有我當數學老師。當年，我也是我們班上的數學天才。我喜歡數學，以為只要整天能與數學為伍，名聲與成就於我如浮雲。所以，雖然讀醫學系好像很風光。但當年的我，卻一點也不羨慕。我堅持要讀數學系。

「結果，二十年後，我的醫生兄弟們開著賓士車，我開福特。連全家族過年聚餐，我的母親總是跳過我，只介紹我那兩位意氣風發當醫生的兄弟。你瞭解那種被歧視的煎熬嗎？我告訴偉偉，算我懇求他了，拜託他讀醫學系，讓我們家也有人當醫生。幫老爸我出一口累積了二十年的怨氣。」

學測考數學那一天，一考完，聽說所有補習班的數學老師都聚集在偉偉家，等待偉偉的解答。

偉偉自然沒有讓大家失望，他快速給了大家標準答案。

後來，偉偉如願上了台大醫學系。

父親希望偉偉畢業後可以回家鄉開一家診所，然後，他可以引以為傲地介紹：

「他是我兒子。他是一位醫生。」

魔鬼名師

我不敢上學。上學很可怕。

一個十歲的女孩，每天早上一起床，她就頭疼、腹痛。除了週末在家，不必上學的日子。

明明朗朗，又是一個拒學的孩子。

不過，與其說孩子是「拒」學，不如說，孩子是「懼」學。

女孩在讀小學四年級之前，在學校，其實是老師誇讚的好學生，在家裡，則是父母放心的貼心兒。

她的課業名列前茅，又樂於助人，身邊也不乏好友知己。依照常理，這樣的孩子是我的絕緣體，根本不應該會與我連上線。

而這一切，都是從五年級才開始的。

女孩的媽媽說：「剛開學幾天，我就發現不太對勁，孩子怎麼變了。從前放學回來，她總是蹦蹦跳跳地繞著我說話。即使我在廚房忙，她也不放過我，一樣說個沒完。

「可是，這一陣子，很不一樣。她的笑容很勉強，像是榨檸檬汁般，硬擠出來，也變得很疲倦。是生病了嗎？後來，她真的生病了，一下子頭痛，不然就是肚子痛，痛到沒有辦法上學，讓我好擔心……」

眼前的小女孩，張著細長的瞇瞇眼，駝著背坐著。

小女孩顯得疲憊、倦怠、了無生氣。

「你喜歡上學嗎？」

我知道孩子回答這一道題目的答案，有時並非事實，尤其當孩子一邊回答，眼睛還一邊偷瞄坐在身旁，那眼神似箭般望穿她，急切想聽到「正確」答案的大人時，孩子就算點頭說喜歡，我心裡一定也會打上個大問號。

可是，這女孩，好似已經鐵了心、斷了念。

她毫不遮掩地回答我：「我不喜歡上學。我不敢上學。上學很可怕。」

世界上有成千上萬千奇百怪不想上學的理由，而我普遍聽到的是小朋友抱怨上課很無聊，也有小朋友會說上學很累、很煩、老師很機車、討厭寫功課、小朋友很討厭……但是使用「可怕」這樣的情緒來描述的，我倒是頭一遭遇到。

是什麼樣的教室氛圍，能讓孩子嚇到腹痛、頭疼，不敢上學？

諷刺的是，女孩的老師是該校的名師。

是家長們爭先恐後，都希望自己的孩子能進到這位老師班級的名師，因為他帶的班級，整潔、秩序比賽一定都是全校第一名。

為了在整潔、秩序比賽贏得全校第一名，老師規定學生進教室後，要脫鞋。教室地板必須保持一塵不染，而且規定一律只能從後門進出。

如果一不小心，有學生從前門走進教室，老師就會訓斥孩子：「給我出去。我坐在這裡，你還給我從前門進來，目無尊長。出去。走後門。」

連家長不小心從前門走進來，也難逃被老師銳利如鷹犬的眼神給瞪回去。

家長往往嚇到低頭、哈腰，連連道歉、認錯。

下課的時候，老師也不准孩子們到操場打球、追逐。

理由是：「你們到操場跑來跑去，搞得全身臭汗淋漓，教室也被熏得好臭，我聞到想吐。更何況，你們下課玩得那麼激烈，上課的時候，如何馬上靜下心來，專心上課？」

在早上的晨光時間，以及中午午睡剛睡醒後，學生一律要大聲齊誦《弟子規》。天天如此，不得懈怠。

放學時，到教室外排隊，老師也要求學生不准說話，不可以出聲音，動作必須迅速、確實，路隊必須整齊劃一。

但是因為走出教室需要再穿鞋，有一些同學難免動作比較慢。當這些同學走入隊伍時，顯得零零散散。老師如果心情不佳，大吼一聲：「全部給我回教室，重新再排一次隊。」全班同學往往嚇得屁滾尿流。

他們趕緊脫鞋，進教室，坐回座位，然後等候老師的指令：「出去排路隊。我抓最後三個慢吞吞的，給我回家《弟子規》抄一遍。」

有一回，老師甚至要他們排了十次路隊。

老師說：「路隊已經排十遍了。如果再排不好，就來排一百遍。大家都不要回家。我抓最後那三個來魔鬼訓練。」

如果有學生考卷訂正忘記寫，那更像是世界末日。

「訂正沒有寫，本來只要罰寫三遍，現在再多罰寫七遍。下次再沒有訂正，罰你寫一整面。」

聽著媽媽的陳述，小女孩一直點頭。

小女孩的淚水垂在瞇瞇眼的眼角邊。

這位老師好似走錯了時空。他以為自己身在戒嚴戡亂時期，在部隊裡帶兵嗎？他應該是士官長，不是小學老師。

這位老師顯然也把寫作業視為掌控學生的籌碼；把寫作業拿來當作處罰小孩、威嚇小孩的利器。

他說：「兩天寫一篇日記，你們如果乖一點，我就可以讓你們不必寫；不乖的話，就一直寫，一直寫。」

所以，寫日記，不是為了瞭解孩子的生活，不是為了培養孩子敘事的能力，而是一種懲罰。

老師的口頭禪是：「你們如果表現好，我就對你們好。如果表現不好，我就對你們不好。看你們是要過好日子，還是苦日子？」

讓人納悶的是，什麼叫做表現好？是安安靜靜，不會出聲？還是一個指令，一個動作？又或是考試永遠考滿分，不會出錯的學生嗎？

這名老師不是在教育孩子，他是在把孩子教成機器人。是在抹滅孩子的思考能力、創造力、想像力、論辯能力，而明明這些思考能力、創造力、想像力、論辯能力，才是AI人工智慧所無法取代的人類特質啊。

有一回，女孩被嚇到躲在學校的樓梯間哭，沒想到，竟然因此被老師叫去問話。

女孩說：「老師應該是有用監視器在監視我們。因為他說只要我們一走進校門，他就在觀察我們。只要我們一做錯事，他一定會馬上知道。如果我們敢騙他，他會去調學校監視器。」

難怪女孩會嚇到不敢上學，這簡直是生存在極權統治的社會裡啊。

顯然，如果要讓女孩安心上學，只有脫離這位士官長老師的魔掌，這是唯一的方法了。因為從小學一年級到四年級，女孩明明曾經有過快樂上學的日子啊。

但是女孩捨不得好同學，她不願意轉校，於是我與人本教育基金會一起到學校找校方談，希望協助女孩轉班。

當我們見到了女孩的魔鬼士官長老師，士官長老師自然不認為自己班級管理的方式值得商榷，他仍然自詡為全校的名師。

在他的班上，秩序井然有序，學生人人會背誦《弟子規》。在這一所學校裡，沒有哪一班的學生能比得上。

我與老師談了一會兒之後，完全放棄希望能改變名師觀念的企圖，只求女孩能轉班。

大約三週之後，女孩和她的母親送來一張卡片，卡片上是女孩自己畫的圖。

她畫了一間由她所設計的大醫院。醫院裡有戴著眼鏡的我，有小孩遊戲間、健身房，也有種植各種花草的空中花園。

在候診區，有大大小小的孩子，有的抓著氣球，爬到椅子上，有的坐在地上玩積木。

每一個孩子的臉上，她都畫了笑笑臉。

小女孩轉班成功了。她離開了士官長帶的部隊班，回到真正老師所教的班級。

我看到她畫戴著眼鏡的我，也是笑笑臉。

天賦

不打架，是要準備天天來學校挨打嗎？我們從上學的第一天，就開始隨時備戰了。

我經常聽許多度過國中狂飆期的過來人說：「國中啊，如果全班有三十名學生，真正在聽課的，大概有十個人。不管老師在講台上講得口沫橫飛，直接就趴在桌上夢周公的，大約十個人。那麼，剩下的十個學生在幹什麼呢？他們在互相捉弄、惡作劇，或準備下課約出去打架。」

那麼，阿正應該歸在哪一類呢？

上課時，阿正安靜聽課。他的眼睛目不轉睛，直視前方。他的手拿著紅色、藍色的筆，一邊抄寫著老師的補充講解，一邊畫著老師所提及的課本上的重點。

阿正如此認真地在聽課，所以，阿正應該是屬於認真聽課的學生。

不過，依照慣例，在一個班級裡，所謂認真上課的學生，是指考試總是在前半段的那一群學生。而阿正的成績，實在是差太遠了。

可是，如果把阿正歸於完全放棄聽課的學生，這樣的分類，好像又愧對於始終抱持著尊敬的態度，恭謹上課的阿正。

阿正明明上課是如此專心，他究竟是聽到哪裡去了。

後來，班上的薇薇成了阿正的好朋友。考試成績遠遠在阿正之上的薇薇，便負起了阿正補救教學的責任。

每上完一堂課，薇薇就會把阿正上課時抄的筆記和畫過重點的課本，全部拿來審核一遍。

「哎喲，你這是畫什麼重點啦，簡直是把全篇課文都畫下來了。」

聽到薇薇的大叫聲，大家蜂擁而上，圍著輪流看阿正的課本。那課本塗滿了紅色、藍色的線和圈圈，幾乎無一處倖免。原來，阿正沒有台灣學生身經百戰後獲得的特異功能——去蕪存菁——只背考試會考的，只讀所謂的重點。

雖然學業成績不佳，但是阿正身手矯健，他是班上籃球的第一把高手。班際比賽時，只見他馳騁球場，叱吒風雲。周圍同學的喝采加油聲，如雷貫耳。因為自從有了阿正，他們班經常拿冠軍。

在那些時刻，阿正是英雄，是全班簇擁、崇拜的明星。他在籃球場風光的神態，與在教室裡，等待發考卷的時候，簡直判若兩人。發考卷時，老師按照分數高低，依序喊人上台領考卷，而阿正總是挨到最後幾名，才會被叫到名字。

他也總是頭壓得低低的，顯得失志而沮喪。

一日，阿正來看診，或許是才剛放學，他背著書包，制服也還穿著。

我看到阿正那沾滿灰塵，明明是白色，卻已經染成灰的制服。胸前的口袋甚至幾乎被撕裂到只剩最後一角還黏在衣服上，而其他的布料都已脫落、下垂到左上腹部，還隨著他的身軀移動，搖來晃去。制服上的一排鈕釦，被扯到只剩下三顆，而且還是線頭拉很長，瀕臨掉落前夕的三顆。

其他的鈕釦則不見蹤影。

「發生什麼事了嗎？你的衣服看起來很有事啊。」

處理完他今天來就診的主因——感冒，之後，我隨口問了他。

阿正像是家常便飯般，不當一回事的，一邊低頭瞧了制服一眼，一邊搭理著我。

「喔，就打架啦。這沒什麼值得大驚小怪的，每天都有。我是金鋼狼，你知道金鋼狼吧？就是《X戰警》裡的主角，很厲害。無論你如何砍他、揍他，他的傷口馬上就會癒合，永遠不會受傷。我跟他一樣，打架是靠永遠打不痛，把對手嚇死。

「有一次，有三個同學聯手打我。其中有兩個人抓住我，另一個人，拚命捶我肚子，要我跪地求饒。你猜，我跪了嗎？當然沒有。太好笑了，我送給他們迴旋踢。

「這是我看李小龍學的。李小龍踢的時候，還會大叫一聲，大家都說我學得很像。後來，老師進教室，看到我們在打架，把我們通通叫去罵一頓。

「老師說我是好孩子，為什麼也學打架，變壞了？這太好笑了。老師是在辦公室吹冷氣吹到頭腦破洞了吧。不打架，是要準備天天來學校挨打嗎？我們從上學的第一天，就開始隨時備戰了。

「同學欺負你，找你麻煩，你不回手，是等著被霸凌嗎？例如，有同學最愛抓別人的小鳥，瞄準了就抓。如果你只是躲著他們，他們更愛找你。

「我的對付方法是以暴制暴，這非常有效。他們要來抓我小鳥，我動作比他們更快。看誰敢伸手到我胯下，我就抓住他的手腕，把他的手拖到門邊，用力關上門，讓門夾住他的手，保證痛到他永遠不會再把歪腦筋動到你身上來。」

阿正說得非常得意。

這樣的阿正，也讀到國中畢業。可是，他的數學、國文、地理、歷史、自然科的程度，可能只達到小學中年級的標準。

一回，他來看診，恰巧我出國。後來，他問我去哪裡玩。

我說：「馬爾地夫。很漂亮喔。」

他一臉茫然地回我：「沒聽過。不有名。」

又一回，我說我去荷蘭玩。

他回我：「荷蘭？我知道，在歐洲，還有另一個蘭，叫紐西蘭，對不對？」

毫無意外的，考高中時，基測滿分三百分，阿正總分只考了兩位數，不到五十分，沒有一所學校可以就讀。

這樣的考試成績，如果出現在別的家庭，肯定會鬧到父母怒，小孩哭。可是，在阿正家，卻平和如尋常。

阿正的父親是個水電工人，他對阿正說了大智慧的話。

「你阿公不會讀書，我也不會讀書。你不會讀書，也是應該的。沒關係，我們繼續做水電。」

阿正後來晚上去讀夜校，白天真的到工廠工作。

但夜校還是有月考、期末考。有一次，他竟然拿著課本來診所問我。

只是問的問題，讓我結舌。

他問我：「李醫師，什麼叫做H_2O？」

也就是說，這孩子從國中開始，上課便已經是鴨子聽雷，虛度光陰，也難為他日日裝模作樣地坐在座位上。

我想阿正那看似專心學習的精湛「演出」，確實省卻了老師的諸多麻煩。

幾年後，阿正從夜校畢業了。他繼續在工廠工作，有時穿著工作服，全身沾滿油污地前來看診。

阿正告訴我：「李醫師，你們家要是有電器壞了，拿來，我幫你修理，都不用錢。」看得出來，脫離寫考卷、背答案的日子，他反而在工作上，做得頗為得心應手。

去年，阿正工作滿十二年。他拿了一張A4紙，希望我幫他貼在診所的公布欄。A4紙上寫著：「〇〇工廠招募現場操作人員，有證照佳，起薪四萬。」

阿正當小老闆了。

我想起阿正父親說過的話：「你不會讀書，也是應該的。沒關係，我們繼續做水電。」

好個明智的父親啊。

魔咒

孩子愈小接觸英語，離成功愈近？

「既然這一所幼兒園是依照你理想中的德式幼兒園的理念來經營，強調在生活與遊戲中自然學習，那麼，為什麼又有美語教學，這樣與市面上的雙語幼兒園，有何差異呢？」

我毫不留情面地質疑經營幼兒園的朋友。

朋友無奈地解釋：「因為現實是，沒有英語教學的幼兒園，根本無法生存。每一位家長都希望孩子最好在幼兒園就學會說英語啊。」

這是什麼樣的魔咒啊？以為孩子愈小接觸英語，就會距離成功的人生愈近嗎？我們都不是英文草包，我們也學過英文。不過，我們通常都是在十二歲，上國中一年級時，才初次與英文打照面。那時，我們從二十六個英文字母開始學，鮮少同學有能耐偷跑。

經過國中三年、高中三年，等到了大學，英文程度，人人不同。大家的英文程度參差不齊的原因，並不是誰有補習，更不是誰從小就學英文，而是被什麼樣的老師，以什麼樣的方式教導英文，以及自己對英文的興趣與需求等等原因所造成的。

我有幾位英文聽、說、寫都流暢無比的朋友，其中一個是因為著迷於英文歌曲，所以，西洋音樂教父余光的「青春之歌」是她必修的功課；另一個是男同志，他苦悶地活在當年封閉、保守的台灣社會，一心一意想出國，所以，英文是他謀求生路的希望。

兒子讀的幼兒園是既不教中文，也沒教英語，強調快樂成長的幼兒園，所以直到小學三年級，兒子的學校才開始正式上英語課。

我難免擔心兒子會跟不上其他已經在英文學海裡打滾多年的同學，於是幫他報名有外師的美語補習班。

一日過一日，每週兩次的英語補習課程。從未補過習的兒子，似乎上得怡然自得，無憂無慮。我也鬆了一口氣。

這一類的美語補習班，噱頭頗多。先是萬聖節，整個補習班被布置成驚悚的鬼屋，血、殭屍、流膿鬼、長髮白衣魔女……所有會讓人起雞皮疙瘩，神經發瘋、想尖叫的元素，都集大成於補習班裡。

這真是兒子的天堂樂園了。兒子自小喜好蒐集稀奇古怪的玩偶，愈醜陋、恐怖的，他愈視為珍寶。萬聖節，簡直是為他而創造的節日。

當天，我趕回家幫他做萬聖節耍酷的打扮。我在兒子的臉上、身上畫上紅色唇膏，看起來就像血流如注。我再拿眉筆，幫兒子畫出累累的刀疤，再綁上白色紗布，儼然一副傷兵的模樣。

沒辦法，我是幹這行的，對傷口，遠比對魔鬼的長相熟悉許多。

兒子自己照鏡子，也不嫌棄。他牽了一隻玩具狗，開心地赴萬聖節宴會去了。萬聖節過完，則是聖誕節，這又是另一個歡樂的高峰。糖果、禮物、聖誕老公公……孩子們誰能不愛。

兒子上美語補習班，比較像是去過節的。他天天張著可愛的笑臉，跳著去補習，又活潑惹人愛地跳回來。

我以為一切既然都如此順利，那麼，美好遠景應該就在眼前。

兒子在有鬼屋和聖誕老公公的陪伴下學英語，應該是充滿驚喜、快樂的無壓力學習。

無奈，好花不常開，好景不常在。在學年結束之際，英文補習班發了通知單。

原來，補習班也有能力測驗，可是我卻從未聽兒子提及，更別提他已經參加過測驗了。

通知單上的結果是：「貴子弟，經英文測驗後，因為程度未達標準，故無法升級，將繼續留在初級班。」

我不太在意地告訴兒子這個消息，我心想他一向輕忽成績、分數，應該也不會太在乎。

沒想到，出乎我意料之外，兒子竟然嚎啕大哭地說：「我不要留在初級班。我要跟其他小朋友一起到中級班。請你告訴老師，我以後會認真學英語了。」

我太瞭解兒子了。兒子浸濕在淚水中的這一段話，重點是：「我要跟其他小朋友一起（玩）。」

兒子喜歡上英語補習班，是因為有一群熟稔的小朋友，可以一起玩樂、歡笑。如果沒有這一群小朋友，他會完全失去上英語課的動力。

於是，我用英文寫了幾句話，告訴老師：我兒子答應之後會用功學英文、練習英文了，懇請老師，讓他與其他小朋友一起升級。

結果，兒子自然是如願以償。

可是，不必付出代價的允諾，總是如曇花一現，效果也短暫。

兒子並未因此而英文能力大增。他依舊應付了事，歡樂度日。

我想，父母所能提供給孩子的，只是創造學習的機會。至於學到什麼，學到多少，就是孩子自己的事了。

關於學習，真的不必急，因為契機總是不經意出現。

我們這一對愛看電影的父母，從兒子四歲起，便經常帶著他出入電影院。兒子讀小學五年級，當創下驚人賣座紀錄的《哈利波特》上映時，我們滿懷憧憬，歡欣鼓舞地共赴盛會。

這真是一部充滿奇思幻想又情感動人的影片，足以教人癡迷。兒子看完電影，幾乎是跳出電影院。一路上，都是談不完的《哈利波特》。依照兒子的習慣，如此日日夜夜滿腦子開口、閉口都是《哈利波特》，可以延續好幾個禮拜不歇。

而當時，我完全沒有意識到兒子的英語啟蒙師降臨了。

某一個週日早上，兒子一臉愁容地告訴我：「媽媽，我作夢都夢到《哈利波特》啊。」

「那有什麼不好嗎？不是很好玩嗎？」

「可是……榮恩、妙麗和哈利波特，他們都講英語，我聽不懂啊。就算聽懂，我想跟他們說話，也說不出口。我不知道要怎麼辦？」

「你只好趕快學好英語，才能在夢裡和他們說話了啊。」

不是為了考試成績，更不是怕被責罰。

我的兒子願意主動好好學英文，是因為「需要與妙麗、榮恩、哈利波特、鄧不利多在夢裡說英語，聊天、做朋友」。

兒子一路從遊戲中學英文。

出國時，兒子經常主動跑去找外國人搭訕，他一點也不羞怯。小學三年級時到美西，兒子便在機場，與美國小孩一起玩電動玩具；小六時到加拿大，因為對遊輪進港口的操作實在好奇，兒子自己一溜煙跑到金髮碧眼的操作員旁，比手畫腳，想要問個清楚；國中二年級時，我們到歐洲搭纜車，兒子與同坐纜車的荷蘭人閒話家常。即使他說著七零八落的英語，但完全無礙他與對方的溝通。

落落大方地說英語，也不害怕說錯，使兒子的英語聽、說能力與時俱進。

高中二年級時，因為要增強英文書寫的能力，兒子改到一位教英文作文的家教班上課。

有趣的是，在補習了半年之後，有一回，兒子上完課要離開教室時，這位家教班的名師突然叫住他，對他說：「我們這個家教班的學生，大多是從小即在這裡補習，很少中途才插班進來。就算有，上不了幾堂課，程度跟不上，便知難而退了，就只有你還留下來。你是怎麼讀英文的？」

兒子露出陽光般的笑容，一派輕鬆地回答：「憑感覺。」

講道理

男孩問：「那一所學校的小朋友如果做錯事，都不會被叫去罰站，老師都會好好地跟小朋友用講的嗎？」

「醫生阿姨，我告訴你。我第一天上學，就被老師用課本打頭了。」

累積了許多孩子上學所受的委屈，我的診間都快要變成包公的開封府了。

不過，今天來擊鼓喊冤的，不是大人幫孩子按鈴申告，而是孩子自己來訴冤情。

聰明的孩子學會躲避老師的絕妙方法，便是生病。這個孩子天天熬到第三堂課時，就開始喊肚子痛。

老師沒轍，只能讓他去保健室休息。

男孩每一天都賺到一節課的放空，等著媽媽中午來接他回家。

老師無奈地望著男孩，說：「你以為還在上幼兒園嗎？你這個媽寶，什麼時候才能長大啊。」

可是，男孩之前已經上過兩年全天的幼兒園。他從來不曾詐病，喊肚子痛。到底小學和幼兒園的差距有多遠？

原來男孩在小學剛開學時，因為與爸媽出國旅行，所以慢了三天才來上學。

男孩懵懵懂懂地坐在座位上。老師說課本拿出來，男孩翻包倒袋，就是摸不出一本課本。

結果，老師把手上的課本一夾，順手往男孩的頭上一敲。

「叫你拿課本出來。你還在玩嗎？」

其他小朋友見狀，也為他打抱不平，提醒老師。

「老師，他第一天來上學，不知道課本要拿哪一本啦。」

老師才放過他，說：「啊，我忘記了。隔壁的同學，幫他一下吧。」

但是，這名老師似乎有敲學生頭的偏好。

老師拿課本敲、拿報紙敲、拿愛心小手敲，拿球具敲……不僅敲學生的頭，這名老師的情緒管理，顯然也有待加強。

男孩說：「我們老師生氣起來，還會丟書喔。老師把課本往小朋友的身上丟，很可怕。有時候，小朋友的功課寫不好，她會氣到把小朋友的簿子撕破。我們都嚇死了。」

男孩的母親證實了這一件事。

母親說：「我告訴老師，她丟課本，所以我們家小孩嚇到不敢上學。老師卻說：『我又不是丟他。他嚇什麼？』我再問她撕書的事，我想身為老師，怎麼可以撕學生的簿子或書，她撕的是別人的財產啊。老師回我：『我沒有常撕書啦。只是偶爾被學生激怒，才會撕書。』這是什麼話。丟書、撕書就不對了，難道要小朋友被書K到，要常常撕書，老師才覺得有錯嗎？」

除了被敲頭，男孩最常被處罰的是罰站。

男孩被罰到昏天暗地，罰到大滿貫。整整一個上午，三堂課的時間，他都在教室後面罰站。

男孩被罰站到口渴，罰站到沒有時間去喝水，只好在上課鐘聲響起的時候，大家往教室衝，他卻反方向，衝到教室外，裝水喝。

老師看了，更生氣。她認為上課了，不進教室，還在外頭喝水，簡直是孺子不可教。

男孩罰站罰到「全自動」。當老師怒罵他考卷沒有訂正，老師的話都還沒有講完，不必等老師發號施令，他先自己站起來，走到教室後面的老位置上，自動就地立站，站得筆直。

「我現在變聰明了，在安親班也一樣。寫功課很無聊，我實在不想寫。可是，老師只要一把長尺拿出來，不必等她打下去，我便趕快把功課寫完了。」

聽著男孩眉飛色舞地描述如何在隨時會被懲罰的氛圍下取巧苟活，我也笑了。但笑容的背後，更多的是心疼。

老師因為男孩在美勞課時，沒有完成作品，因此傳line給媽媽，提到美勞課要繞毛線球，但男孩卻從頭到尾腦袋都在放空，根本沒有聽老師講解。

男孩聽到後，馬上辯駁：「繞毛線球，很難啊。老師講很快、繞很快，我不會繞，老師就認為我在放空。老師常常說我是班上的發呆大王。其實，我有時候是不會寫、不會做。有時候是在想事情，我都沒有在發呆。我不喜歡她說我是發呆大王。」

當男孩看著老師的手操作來學習，但卻比其他同學慢的心情，我完全能理解，因為，我也曾經有同樣的困擾。

其實，當老師面對學生的方向時，與孩子的左右恰好相反，所以，孩子必須左右再倒過來地繞毛線，要這樣正面看著，手卻要反向操作，當然加倍困難。

只是，老師顯然不瞭解這樣的學習，對孩子的困擾。

每一個孩子的能力都不相等。對某些孩子而言，他需要一再重複，甚至必須就近的講解、觀察與模仿，才能學會。

「我們老師是不瞭解小孩的大人。不過，她有告訴我們她小時候的故事，她的媽媽也是這樣對待她。不瞭解小孩的大人，是不瞭解小孩的大人養大的。」

當我聽到男孩說出這一段話的時候，即使瞠目結舌，都不足以詮釋我的表情。我彷彿看到一位小小思想家，在我眼前，以毫無雜質、純粹的樣貌呈現。

在一旁的母親完全同意男孩的說法，接著補充：「是啊，他們老師真的不瞭解小孩。有一次，老師打電話給我，說我的小孩今天又搗蛋作怪了。那一天，天氣很熱。上課時，教室開了電扇。小朋友愛講話，很吵，鬧哄哄成一團。

「老師便說：『你們要是繼續吵，我就把電扇關掉。你們是要關電扇，繼續講話？還是要安靜、開電扇？』」

我聽了心裡想，這根本是一個假問句。老師不是在問話，而是在威脅、喝止。

「結果，小朋友都回答：『安靜、開電扇。』只有我們家男孩白目地說：『關電扇，繼續講話。』我告訴老師，這孩子是故意耍酷，要跟別的同學不一樣，但是絕非惡意。可是，老師就是聽不下去……」

男孩白目、耍酷的下場——又是罰站，而且還不准下課，甚至不准男孩上他最愛的體育課。

母親去學校幫男孩說情。

「老師，我的孩子本來就是愛動，結果你處罰他罰站，不能下課。那麼，他下堂課上課的時候，就會更坐不住。這樣，豈不是更糟糕嗎？」

於是，老師改變了懲罰的方式。讓男孩可以下課，活動筋骨了，但是，不准出去玩，而是在教室裡拖地板。

男孩倒也乖乖聽命。

老師說：「誰說下課一定就是出去玩。你下課只准掃地、拖地板。」

我要男孩比較讀幼兒園和小學的感受。

男孩說：「幼兒園的老師對我很好，比較溫柔；可是小學也有好的地方啦。小學才有下課時間，幼兒園沒有。」

原來幼兒園的老師全神貫注盯著孩子，設計活動，帶活動，也會讓孩子有被約束的感受。原來所有年齡層的孩子，都需要空白、發呆的時空啊。

男孩為「下課」在他生命中所產生的意義，做了完美的結論。

「下課，就是我的天堂。」

當男孩說到「天堂」這兩個字時，他的神情不再嘻皮笑臉，那小小思想家又上身了。

因為母親和老師溝通一再受挫，男孩在班上也已經被老師貼上標籤、做記號，所以，我和母親討論讓男孩轉學的可能性。

當我介紹某一所注重體育活動的學校時，男孩看著我，問：「那一所學校很好嗎？那一所學校的小朋友如果做錯事，都不會被叫去罰站，老師都會好好地跟小朋友用講的嗎？」

我望著男孩，良久，良久。

孩子，你對好學校的期待，只是希望能跟孩子講道理啊。

我忍不住把男孩擁抱入懷，男孩也緊抱著我，然後竟然告訴我：「醫生阿姨，謝謝你。我很愛你。」

男孩，我也愛你。

醫生阿姨多麼希望自己的手上有一個羅盤，可以指點我們，懂你、愛你的老師所在的方向啊。

熬夜

考試考好一點，是我唯一可以抓得住的東西啊。

面對一個天天讀書熬夜到三更半夜的高中男孩，我試圖力挽狂瀾地告訴他。

「考試考高分，也不能保證就有美好的未來啊。」

一聽我這麼說，男孩突然歇斯底里地大哭，然後大吼：「這是我唯一可以抓得住的東西啊。」

瞬間，空氣凝結，時光結凍。

我望著男孩，竟說不出話來。

不是他的大聲嘶吼，而是他吼出的字字句句。

如果，那些字句代表著這一代還在高中裡埋首苦拚的年輕人，所未吐露的心聲。那麼，我們這些大人到底造了什麼孽？讓年輕人對於未來的想像是如此乾枯、蒼白，讓曾經引吭高唱〈我的未來不是夢〉的年輕人無夢，取而代之的是絕望。

「你現在才高中一年級，每天就讀書讀到半夜一、兩點，早上六點半又要起床。你準備要拚到什麼時候？」

男孩疑惑的眼神，顯然認為我問了一個白癡等級的問題。

「拚到考上大學為止。」

「你每天只睡五個小時，身體是會吃不消的。留得青山在，不怕沒柴燒。你這樣繼續讀下去，還沒考大學，人就先倒了。」

「我的同學們，大家也都是這樣讀的。他們不會倒，我為什麼會倒？而且，書讀不完，只好熬夜。沒有別的辦法了。」

「你每天熬夜，書就讀得完嗎？」

男孩搖頭。

「是的，你怎麼讀，書都讀不完。這些書，本來就沒有打算讓人讀完的。」

這樣的對話，像是丟出一條細稻草，給掉入泥沼中的男孩。

我以為就可以把他從中救起，拉他上岸。

男孩抱怨心悸，憂心忡忡的母親帶他來看診。

可是男孩的心跳明明很正常，更精準的說法，應該是心慌慌。

「如果考試考不好，會發生什麼可怕的事嗎？你的父母會生氣嗎？他們會罵你嗎？」

男孩的媽媽終於開口了。

「我們不會因為考試考不好而罵他。其實，我們都叫他早一點睡覺，可是他不聽。」

「最好是喔……我考不好，你會唸人。好嗎？」

男孩的眼神，斜睇著。嘴唇也翹出「不以為然」的唇型。

「為人父母的，一定都希望孩子考好一點，難道這樣不對嗎？你考差了，你會難過，我也會擔心啊。那不是責罵，是替你擔心。」

母親立刻反擊，像是要在我的面前證明清白，證明她不是施壓的來源。

可是，壓力並非必得橫眉豎目、嗔目怒罵，孩子才感受得到。

敏感的孩子往往從開口說出自己考試分數的那一刻，便緊盯著父母臉上的表情。父母此時雙唇開闔間所吐露的任何隻字片語，孩子都會秤斤秤兩地精算著。

所以，即使只是希望孩子下次再加油，一定能考出更佳成績的話語，對某一些自我要求甚嚴的孩子，都可能是形成壓力的肇因。

我對男孩的母親說：「我瞭解你的擔心。不過，你也知道，你的孩子不是自我放棄或放鬆、隨興的孩子。他是一個你不必叫他讀書，他也會自動讀過頭，是一個自我鞭策嚴格的孩子。因此，要他再加油的話，也許就不必說了，因為他已經加到油溢出來了。你不是已經很擔心他的身體會吃不消了嗎？我們是不是可以改變關心的重點？我們來試看看，如何讓他可以多關心一下自己的健康，而對成績不要如此在乎。」

「爸爸呢？爸爸對孩子考試成績的態度如何呢？」

「爸爸疼小孩啦。都說沒關係，好像他都不在乎考試成績，全部丟給我操心。可是，如果孩子上不了排名前面的國立大學，我看他也是會跳腳的。」

不過，母親還是認為孩子本人才是最主要的關鍵。

「我們當父母的可以調整，只怕他自己那一關先過不去。國中時，他的成績非常優秀，考試一定全班前三名。沒有料到，高中沒有考上第一志願，他閉門關在自己房裡好幾天，誰都不理。現在高中的學科比較難，他的成績只能維持在七、八名，甚至第十名，他的心裡更是難受。

「他老是抱怨自己讀的已經是第二志願的高中，考試還輸同學這麼多。甭提第一志願的學生更強，他豈不是會落後更多？會輸得更慘？每一天，當他拿考試卷回來，就一直嘮叨、唸個不停。」

我看著這個才來人間十五載，本是青春束髮之年，目前的人生卻已經窮得只剩下考試分數的孩子。

我告訴他一個故事。

「我先生國中時是讀名校的特優班。他們全班四十幾名同學，有一大半都會考上第一志願的高中。結果，高中放榜之後，班上有一位成績優秀的同學，卻意外落榜了。大家都很為他惋惜。不過，他們這些考上第一志願的同學，其實也只是風光一個暑假而已。因為，接下來的高中三年，真是淒風苦雨，苦不堪言。如今，三十年過去了。有一天，我先生心血來潮，想起那一位當年沒有考上第一志願的國中同學，如今不知身在何處，於是上網搜尋。

「你猜這位當年名落第一志願之後的同學，三十年後在做什麼。原來，他後來沒有讀高中。他讀工專，現在是那一所工專的校友會會長。」

我看男孩依舊沒有反應，只好繼續：「考試成績好，真的不能保證你從此邁向人生的坦途；相反，亦然。如果你考上國立大學，畢業後，能做什麼？會做什麼？你看烘焙師傅吳寶春，他雖然只有國中畢業，卻成就傲人。因為他做他喜歡而且擅長的工作，所以他在烘焙界做出閃亮、耀眼的成績。

「李安，他是全世界聞名的大導演，不過，他的中學成績差強人意，根本考不上好大學。可是，他努力耕耘於他的興趣——電影，在東方人難以出頭的好萊塢頻頻得獎。

「你每天埋首於考試成績。你有沒有想過，你的興趣是什麼，你做得最好的是什麼事，你的專長在哪裡？」

媽媽說：「他以前很愛畫畫，也畫得很好。」

男孩回：「我很久沒畫了。書都讀不完了，哪有時間畫畫。畫畫能抵分數嗎？我不知道我的專長是什麼。除了讀書，我還能做什麼？興趣？離我很遙遠。我沒有特別的興趣。」

「所以，你把你寶貴的青春歲月，全部花在讀書上？沒有娛樂？沒有其他活動？你知道嗎？即使你因此考上好大學，等畢業後，進入社會，回首當年，你會發現過去的成長歲月，你錯失太多。

「只會讀書，並不能做好工作。未來的世界，變動太快，無法掌握。你必須具有各種各樣的能力。考試考高分，不能保證就有美好的未來啊……」

不待我講完，男孩卻突然咆哮、大吼：「正因為未來不可知，我根本不知道我可以做什麼。考試考好一點，是我唯一可以抓得住的東西啊。」

我不知道這孩子從學校教育學到了什麼，我不知道社會氛圍以何種姿勢，日侵月蝕孩子的想像與盼望。

顯然，孩子眼前的光明，只像寺廟裡的光明燈。

盞盞光明燈裡，通通是「考試高中」的祈願。

抗衡

數學考差了，也不是她願意的，她也很想考好一點啊。

只要一提起這孩子，老師的話還未出口，便往往已先搖頭。

老師說：「這小孩，可惜了，被這種母親生養到。我也只能放棄她了。」

女孩打從出生，我就認得。她的每一劑預防針，都是在診所裡施打。

她的個兒小小的，永遠削個俐落的短髮。好奇心就寫在那一雙大眼睛上，骨碌骨碌地轉來轉去，四處張望。

從小，我就不曾聽過女孩的父母抱怨她有任何令大人傷腦筋的乖張行為，相反的，女孩根本就是個可人兒。

當爸媽下班回家，女兒會主動遞上拖鞋；哥哥惹禍，打破玻璃杯，女孩竟然還自告奮勇說是自己打破的。

不過，老師的抱怨是從國中才開始的。

小學和國中的差別在於與升學壓力的時間距離。小學時，升學還很遙遠，無須時時掛齒；但國中可不同了。

彷彿一踏入國中，人生就只為了能進入明星高中而存在。

老師耳提面命的都是升學。黑板上的角落，也絕對會有一排阿拉伯數字，提醒學生離基測還剩幾天。

可是，在這個身形與情緒都在狂飆的年紀，區區一個升學，怎麼鎖得住孩子欲掙脫枷鎖，向外飛翔的心靈與軀體呢？

所以，一樁樁的衝突便這樣發生了。

一日，恰逢月全蝕，自然科老師指派了作業，要學生回家觀察，並畫下月全蝕的模樣，且要求每十五分鐘記錄一次。

這女孩與一群朋友跑到大廈的頂樓，他們一邊觀察，一邊聊天玩樂。對他們來說，這是多麼有趣又另類的課後活動，簡直千載難逢。可想而知，孩子們的重點，嬉鬧多於觀察月全蝕。

於是，女孩經常玩到錯過應該記錄的十五分鐘，不過，女孩仍然誠實地直接跳到三十分鐘處，寫下記錄。而在十五分鐘處，則留下空白。

隔天交作業時，其他同學都交齊了，連一起玩樂到忘記做記錄的同學，也依樣畫葫蘆，每十五分鐘做一次記錄，完全沒有漏掉。

老師把女孩叫去。老師指著幾個空白處，質問她為何偷工減料。

女孩解釋是因為自己錯過記錄的時間了，不過，基於誠實，女孩決定維持真實的紀錄原貌。

老師無法接受這種打著誠實口號的理由。

老師不准女孩下課，堅持要她把空白處填滿。

女孩認為事後補畫、補紀錄，並非她親眼所見，毫無意義。

女孩悍然拒絕，甩頭離去。

老師通知女孩的母親。

老師認為功課沒完成事小，但女孩的態度惡劣無禮，目無尊長，這才是老師無法忍受的重點。

不料，女孩的母親卻四兩撥千斤。

她直言女兒不願意造假，並沒有錯，而且女孩確實也有執行觀察月全蝕的家庭作業。另外，這只是一件小事，請老師不必為了芝麻蒜皮事而動怒。

十一月時，天氣漸漸轉涼，在學校還來不及宣布制服換季時，冷鋒就突然降臨了。

女孩的母親主動幫女孩的制服換季，同時還在制服外，添加了一件外套。

女孩就這樣全身包得暖呼呼地走進校門，自然被教官攔了下來。

最後，女孩以「儀容不整」之名，被學校記了警告一支。

女孩回家之後，忿忿不平地告訴了母親，母親隔天便打了電話到學校。

「天氣這麼冷，難道要孩子穿著短袖上衣和裙子去上學？如果感冒生病了，教官要幫我照顧孩子嗎？學校負責嗎？對氣候變化的反應太慢，是校方行政效率差，怎麼記警告記到孩子頭上來了呢？」

這通電話，像免死金牌一樣，女孩被「赦免」了。

女孩聰明伶俐，腦筋轉得飛快。大家普遍最畏懼的數學，卻是她的強項。她的數學考試成績時常是全校最高分，不然也是全班第一。

有一回，老師檢查數學考卷的家長簽名時，發現女孩拿給父母簽名的考卷，只有五十六分，那根本不是她的分數，因為女孩是考九十六分。

老師以為發錯考卷了。

問了女孩，女孩才說她把九十六分的考卷送給隔壁的同學拿回去簽名，同時把隔壁同學考得很差的五十六分試卷，帶回家給父母簽名。

究竟發生了什麼事？為什麼要「狸貓換太子」？

女孩解釋。

「因為那天發考卷時，我看到隔壁的陳欣欣哭得好傷心，便問她怎麼了。結果她告訴我，她的數學只考五十六分。如果被她爸爸看到這種分數，會被修理的。我覺得她好可憐喔。數學考差了，也不是她願意的，她也很想考好一點啊。於是，我告訴她不要哭。我們把考卷的名字用修正液擦掉，把我的考卷改成她的名字，她的考卷改成我的名字。這樣，她就不會被打了。」

女孩從小的善良與溫暖，再度散發著光芒。只是老師顯然既不欣賞，也不認同。

老師打電話給女孩的母親，告知女孩又胡搞了。

老師同時疑惑地問母親：「你的女兒，數學一向是全班最強的。你看到她考五十六分，不會生氣嗎？你不覺得事有蹊蹺嗎？」

如同老僧入定的母親，卻回答：「我以為這次的數學比較困難，所以她才答錯。我後來有問她，這些答錯的，你現在都會了嗎？她說她都會了。那不就好了嗎？考試的目的，不就是讓孩子知道自己有哪些部分，是需要再加強的嗎？」

不過，真正讓老師決定放棄這對母女的最後一根稻草，是另一件事。

女孩的智商是全班最高，可是女孩的成績，除了數學很強之外，其他科目都只是普通。

眼見基測快到了，女孩的成績卻始終不見起色。

老師觀察女孩的心思根本不在課業上。她下課不是畫漫畫，就是玩電動。

老師便聯絡了女孩的母親，請她到校談談。

老師向母親說明了她的焦慮與遺憾，但這位「藝高人膽大」的母親，一段回應的話語，再度跌破老師的眼鏡。

她說：「我的女兒今年十四歲，正處於荳蔻年華的年紀。我認為這個年紀的孩子，本來就需要花許多時間在她喜愛的事物與興趣上，例如畫漫畫、看漫畫、玩電玩。她目前花在課業上的時間，我認為已經足夠了。青春寶貴，只此一遭，不該只為讀書而存在。」

可以想見，老師當場應該白眼翻不完了。

而女孩的母親，從此再也沒有接過老師的電話。

這女孩後來呢？她沒有叛逆不道，也沒有耽於逸樂、不求上進。

她就讀心理系，她想要成為兒童青少年的心理諮商師，因為孩子們愛的、玩的，她最懂。

輯三

爸爸媽媽，如果我選擇的人生，不是你們所希望的，你們還會愛我嗎？

小熊醫生

不知所措的孩子想到的是：「那位小熊醫生還有沒有在看病？」

「小熊醫生」是我的小病人們幫我取的親暱綽號。因為在我的聽診器上，會掛著兩隻無尾熊。看診時，我經常會請下這兩隻無尾熊，表演拍拍手，或與小朋友玩玩握握小指頭的遊戲。

孩子們一天天長大，但他們有時還是會喚我「小熊醫生」。當下，我感受到孩子仍記得我那一份希望他們看診時不害怕的用心，內心總會翻滾數回。既感慨歲月不饒人，但也有小熊恆久遠的欣慰。

那天，我接到一通電話，是一位五年沒有來看過診的病人打來的。

她說：「孩子問我『小熊醫生』還有沒有在看病？」

放下電話，我不禁俯桌哭泣了起來。

大約六年前，一名婦女帶著一個臉蛋瘦削，身手敏捷，兩隻大眼睛轉個不停的原住民小男孩來看診。帶他來的是孩子的姑姑。

他們本來住新竹。未成年的父母，在生下小男孩後，即不知去向，所以完全是阿嬤和姑姑把小男孩養大的。

姑姑去年到高雄工作，年邁的阿嬤要照顧如此活潑的孩子，體力實在不堪負荷，姑姑便一道把男孩帶在身邊。

小男孩的個性活潑、好動，在上了小學之後，因為進入被要求守規矩的體制裡，開始問題重重，惹禍不斷。

在學校的晨光時間，小朋友們被要求要安靜閱讀或聽志工媽媽說故事。我們的小男孩，卻拚命踢前座的椅子，甚至把前座同學的白襪子踢成了灰襪子。

學校的志工媽媽講故事，講得口沫橫飛，小朋友們無不聽得兩眼發直，頭仰望著說故事的女神們。但我們的小男孩卻沒有安靜的片刻，他一再打斷志工媽媽，因為他急著聽小紅帽有沒有脫困，一〇一忠狗最後有沒有被找到。他也急著分享自己想像的情節和結局。

上課的鐘聲響了，小男孩卻仍然在操場上盪鞦韆，都盪到九霄雲外了。鐘聲從他的耳際飛嘯而過，對他來說，鐘聲像是賞心悅耳的樂音。在高高盪起呈美麗流線弧形的鞦韆裡，鐘聲是鞦韆的旋律，鞦韆是鐘聲的節奏。

等小男孩從陶醉中忽然驚醒，發覺偌大的操場只剩他一個人時，待他倉皇跑回教室，老師的愛心小手，早已經等候他多時。

偶爾小男孩準時進了教室，也休想要他中規中矩、安靜地走進來。

小男孩總是蹦一聲，接著是轟隆咚隆一陣天翻地覆的巨響，原來他以打棒球的姿勢和速度滑壘進教室。

他這一滑壘，也把排在牆壁上整整齊齊的畚箕、掃把，通通撞落在地。

其他的小朋友反射似的，異口同聲地齊告狀：「老師，你看他啦。他又這樣了啦。」

聽著姑姑的描述，我腦海裡閃出了一部老電影《真善美》，由茱莉・安德魯斯飾演一位調皮修女瑪麗亞。

把一個不受羈束的靈魂，放在講求規矩與服從的環境中，躍動的生命很難屈就而安分，所以四處逾矩是必然的。

只是電影裡的瑪麗亞修女，有欣賞她的院長，而小男孩在學校，伯樂老師難尋。

我問小男孩，他最喜歡什麼。

小男孩告訴我，他最喜歡熊。像台灣黑熊，就是很厲害的熊。

我請他教我有什麼熊，又各有什麼不同。

我說：「醫生阿姨只會看病，什麼熊都不認識，你可以教我嗎？」

小男孩真的卯起勁來，非常認真地教我。

我聽他介紹他所認識的各種熊，那表情是如此專注、認真。

小男孩甚至向我要了一張空白紙，他在紙上細細描繪一隻胸前有個大大V字，像是大聲宣示他是誰的台灣黑熊。

此時的小男孩，完全沒有在教室時的吵鬧與好動。

小男孩說他最喜歡體育課。至於非得坐在教室裡的課，數學課和自然課還可以，但他最討厭上語文課，簡直坐立難安。

我與小男孩的姑姑討論，可以在家裡做一些讓小男孩練習專注的活動。姑姑自己也想了一些有趣的方法，例如，到夜市玩水裡撈魚。

不過，因為小男孩過去從未學過寫字、認字，直到上小學，他才開始進入社會化的學習，所以比起許多小孩從幼兒園便已訓練有素，他絕對吃力許多。

過了兩、三個月，小男孩因為一再與同學打架，姑姑又帶孩子來了。

「黑熊小孩，你為什麼跟同學打架呢？」

小男孩解釋，他是跟小朋友玩金剛戰士打架的遊戲。

小朋友總是打輸他，結果假打變成真打，最後他就被小朋友的父母向學校老師告狀了。

我聽了，覺得事有蹊蹺。

為什麼小朋友打架，老師會要求家長帶孩子來看醫生呢？於是我打了一通電話給小男孩的導師。

導師很清楚小男孩的背景，她也非常喜愛黑熊小孩在都市孩子之中，擁有著難得見到的天真無邪。

導師如此形容這孩子的真：「我知道這孩子就像一塊沒有被污染過的璞玉……」但是，因為黑熊小孩在班上經常出現脫序行為，再加上這次打痛了一個孩子，孩子的父親來學校跳腳、嗆聲，要求黑熊小孩一定要去看病，否則將讓學校難堪，所以，導師才拜託姑姑再帶來看診，讓老師可以給家長一個交代。

瞭解了事情的來龍去脈後，我拜託導師，請她下課時，帶著黑熊小孩，教他識字，也教他與人互動的方式。

導師爽快地答應了。

導師說：「我也很愛這個孩子，我會帶著他。因為，我也很擔心，如果沒有大人願意帶他，他要何去何從？我也會心疼……」

接著，我鼓勵姑姑讓黑熊小孩多從事體育活動，也告訴黑熊小孩：「從你第一次來找我，醫生阿姨就發現你好厲害。你自己都不知道，對不對？我發現你動作很快。跑得很快，踢得很快，打得也很快。只要是用到手和腳的事情，你都特別厲害，那是很多人都沒有辦法做到的。像醫生阿姨，你打死我，我也跑不快，你知道嗎？所以，你可以讓自己變成運動很厲害的人。好嗎？」

黑熊小孩點點頭。

我看著姑姑牽著黑熊小孩離去的背影，心裡很酸，但更多的是無止境的祝福。

黑熊小孩來了幾次之後，便沒有在我的診所出現了。

偶爾，姑姑會傳來訊息：「我們今天經過您的診所，孩子特別提起您，說他記得這裡有一個小熊醫生……」「孩子在您的鼓勵之下，努力練田徑，得獎無數，雖然他的學業成績跟不上同學，但是田徑場上的成就，讓他自信滿滿……」

我捧讀著這些訊息。牽掛的喜悅化為串串淚水，彷彿父母獲知人在遠方的孩子，如何努力不懈，然後成就非凡後的放心與榮耀。

五年後，我才又聽到黑熊小孩姑姑的聲音。

孩子做了一件嚴重的錯事，他被學校嚴懲。

不知所措的孩子想到的是：「那位小熊醫生還有沒有在看病？」

我想回答黑熊小孩：「小熊醫生不僅還有在看病，小熊醫生還時常想起黑熊小孩。小熊醫生會看著網路上黑熊小孩的優異體育競賽成績，又哭又笑。當年小熊醫生看著你離去的背影，送給你的祝福，從未停歇。小熊醫生一直一直都在。」

淚

母親：「我毫不在乎你的淚水。你休想要我改變心意。」

女孩微微撇著頭，撇離母親的方向，流下串串淚水。

我搜尋著女孩母親的眼神，期盼在那冷冽、怒光布滿的眼珠裡，能找到一絲一縷不捨、憐愛的餘光。

但我只見到臉上不再光澤耀人，已是皺紋著斑的四十多歲母親，雙臂交疊於胸前。雖然安安靜靜地，卻正無聲無息地發出怒吼：「我毫不在乎你的淚水。你休想要我改變心意。」

淚水，究竟有多少重量？而孩子的淚水，又有幾分價值？孩子心碎的淚水，父母會拿什麼來秤量？

我望著母親，心裡有著悲傷的答案。

「這也不是她第一次在我面前哭。國二的時候，她也曾經這樣哭過。我看多了。哭過，就算了。」

「可是，哭過，擦乾的只是淚水。內心的傷，看不見，也擦不掉。」

我本想這樣提醒女孩的母親，最後卻罕見地收回到了嘴邊的話。

因為我想她聽不懂。

女孩母親好似已經封存了對傷痛的感覺，而且不是一時半刻，是已有多年。

女孩原本是因為長期間歇性的頭痛來看診。不過，頭痛的位置不固定，而最奇怪的是，等到寒、暑假一來，女孩的頭痛自然就會消失。

這樣的病情，我想上學顯然是主要引起女孩頭痛的壓力來源。

「你讀什麼科系？幾年級了？」

「我讀護理系，升上三年級了。」

「當初填志願的時候，是你自己填的嗎？你喜歡讀護理嗎？」

「我沒有想要讀什麼。先照分數高低，看別人怎麼填，我就怎麼填。我爸爸告訴我，讀護理很好，因為畢業後一定找得到工作，也能學以致用，照顧家人，而且薪水應該不只二十二K。」

女孩娓娓道來，但我的腦海裡卻冒出另一個男孩。

男孩就坐在和女孩同樣的位置，一樣是讀到大學三年級，也一樣是母親陪同前來。只是，這名男孩沒有身體的症狀，但卻以嗆聲的音調，怒目橫豎的表情，非常直接地大聲吼出：「我要轉系。我不要讀會計系。會計系是你填的志願，又不是我填的。我要讀的是數學系，不是會計系。你喜歡會計系，你自己去讀。」

男孩以讀到二一為實質的抗議之姿，但男孩的母親仍然期待能挽回兒子已決的心志。

「我吃過的鹽，比你吃過的米還多。我走過的橋，比你走過的路還長。」

大人總是抱持此般心態，以為自己混過現實江湖，所以瞭解讀什麼科系在畢業之後，才不會是失業的開始。而孩子年少不更事，空思夢想，無益生計。還好父母可以協助孩子選擇志願，幫助他鋪好人生的坦途，讓孩子從此衣食無虞，父母也才能高枕無憂。

只是，父母打的如意算盤，孩子消受得了嗎？

數學與會計，看似都與數字有關，但是一個在自然組，一個在社會組。兩個科系的精髓與需要的能力，差距甚大。

大人以為的美好願景，孩子若在此時此刻便已感到窒礙難行。那麼，孩子即使勉強畢了業，之後卻可能必須被迫從事一輩子自己都毫無熱情的工作。這是孩子的幸，或不幸呢？

「看來，你的頭痛和上學很有關聯……」我直接點醒女孩。

女孩也點頭。

「我不想再讀護理了。我想要休學、轉系，或者重考也好……」

「這麼說，你並不喜歡護理工作？是這樣嗎？因為你都已經讀到三年級了，為什麼現在才想到要轉讀別的科系？」

「我不喜歡摸別人的身體，我更不喜歡在醫院工作。之前，只是讀書、考試，我還可以忍耐，可是再來要實習，我實在是受不了了。我沒有辦法再讀下去……」

女孩的母親，此時開口了。

「當初填志願，我們也只是給建議。我們有硬拉住你的手，強迫你一定要填護理系嗎？我們有問你的興趣啊，是你自己說不知道，我們當然就幫你填將來比較有出路的科系。這也是為你著想。」

有多少孩子升學的志願，是父母以愛護為名代勞的呢？又有多少已經長到十七、八歲的孩子，對自己想要讀什麼科系、未來想要從事什麼職業、自己的專長是什麼、自己的興趣又是什麼，完全懵懂無知的？這能歸責於孩子嗎？

孩子從小到大成長的環境、就學教育的範疇，究竟有多少空間，是讓孩子有機會摸索出自己的專長？是讓孩子的興趣能馳騁於廣袤無垠的草原上？當我們責怪孩子的年齡已屆成年，卻仍然對自我一無所知，對實現自我不抱期待，還像無頭蒼蠅般，四處摸索，找不著出路時，是否，我們應該先回溯，我們大人究竟留給孩子多少，又多廣的探索時光和幅員？

我們的孩子學習國文、英文、數學、物理、化學、歷史、地理，他們以囫圇吞棗到來不及咀嚼的速度，以標準、正確到不得質疑的內容，填塞入腦袋，再佐以長期訓練，所習來的反射性答題技巧，獲取學習的認證。

每一個孩子，只要能服從此規則，愈是適應良好的，愈可擷取功名如囊中物。

但不禁讓人懷疑，經過這樣的十二年國教，孩子究竟學到了什麼，他們以為的各個學科又是什麼，更遑論美術、音樂、體育這些入學考試不考的學科，孩子又學習到了嗎？興趣？專長？這些是否只能在風雨中飄搖……

「孩子之前不清楚自己的興趣，不過，現在很明顯，她知道繼續走護理這條路，只會讓她痛苦難熬。你看，她連身體都發出警訊了。頭痛，就是壓力太大的警訊。是不是可以讓她轉讀別的科系？雖然會降一年、兩年，但是，這可能是影響她終生的一個重大決定。慢個一、兩年，絕對是值得的。」

我試圖幫女孩向母親求情。

「我也不是沒有給她機會。每一學期要繳學費的時候，我都有問過她，還要不要讀，是她答應我的……」

「可是，我說我不想讀了，你能接受嗎？你總是一直勸我再讀看看……」

「我有強迫你嗎？我只是要你再試看看。難道遇到困難就放棄嗎？有困難，努力去克服，這樣有錯嗎？現在學費都繳了，你說要休學就休學，要轉系就轉系，我繳的這些學費，豈不是付諸東流，全部白費了？」

「如果家裡的經濟狀況還允許，是不是容許孩子有走錯路之後，能回頭的機會？這些學費，也不完全算浪費。至少讓孩子更認識自己，補修她過去所沒有修過的，人生中非常重要的必修學分。」

我仍然不願放棄，繼續遊說女孩的母親。

「這學期的學費已經繳了，你至少把這一個學期讀完，沒得商量。這是當初你答應我的。我不能忍受好幾萬塊就這樣飛了。」

「去上學，只是浪費時間。我根本沒有辦法再念下去了。我已經受夠了。」

女孩雙手掩面抽泣。

我望著她如石膏像般，紋風不動的母親。

我慢慢吐出這些字眼。「或許，你無法認同。但是，對我而言，孩子的淚水，比那幾萬塊錢，還要珍貴。」

然後，轉向女孩，我告訴她：「你已經滿二十歲，你的母親認為你必須為自己的錯誤決定付出代價。她不願意給你回頭重新再來的機會，因為相較於你的淚水、你的頭痛欲裂，和你的痛苦難受，她更在乎她付出的金錢。」

六分

媽媽收到我的成績單，直接往我臉上丟，並大喊：「我沒有你這種女兒。」

女孩與其他兄弟姊妹比起來，顯得特別嬌小。而她厚重的黑框眼鏡掛在臉上，更像要拉垮她的小臉蛋一般。

我覺得女孩只要隨便一跳一躍，臉上的眼鏡肯定就會掉下來。

女孩的父母都是高知識分子。爸爸是留日的歸國學人，媽媽則是台灣數一數二大學畢業的高材生。聽說在校時，媽媽就是一位成績優異的風雲人物。

女孩在家排行老么，上面還有哥哥、姊姊。

在我們這一個社區，這一家人顯得非常特別。

因為當放學後或週末時，家家戶戶的小孩都會蜂擁而出，在社區中庭，踢球、打羽毛球、騎腳踏車。

唯有他們家的小孩，鮮少見到。偶爾見到，也是彬彬有禮，乾乾淨淨，硬是不同。

女孩的母親對照於父親的溫文儒雅，明顯強悍、能幹許多，絕非「慈母手中線，遊子身上衣」的傳統母親。家裡大權在握的是母親，且要求極為嚴格。

女孩特別引起我注意的原因，是她的眼神與表情。

女孩沒有一般孩童該有的天真無邪的笑容。她的臉上永遠像是蒙上一層濃霧般，淡漠、陰沉，好似有解不盡的糾結。

她烏溜溜的大眼睛閃爍的不是好奇、欣喜到會吸引人的閃亮光彩，而是深邃、不可測的陰鬱寡歡。

三個兄弟姊妹慢慢長大，其中大哥簡直是我們社區的模範生，在社區的小學，乃至國中，都名聲響叮噹，最後，自然如願考上第一志願的高中。

姊姊也不遑多讓，不僅學業成績優異，美術作品更是四處獲獎。

常見他們的母親在社區逢人輕描淡寫，狀似謙遜地說：「沒什麼啦，就是讓他們順其自然。他們剛好有這個才能，我們當父母的，只是盡一點小小的心力，栽培一下而已啦。都是看他們自己啦。」

可是，從來沒有聽過母親在人前談過么女的「豐功偉業」。

原來，小女孩的成績普通，更沒有其他傲人的才藝。不僅如此，小女孩的數學奇差無比，不僅從來沒有考及格，甚至還只考個位數。

一天，小女孩哭喪著臉，獨自走回家。

我關心地問她：「發生什麼事了？要不要跟阿姨說說？」

小女孩坐下來，毫不閃爍、遮掩地告訴我。

她說她是數學白癡，無論再怎麼樣努力，就是學不會。

這次月考，她數學只考六分。她回家要完蛋了。

我問她：「怎麼了？媽媽會罵你，還是會修理你？」

女孩搖搖頭，說：「不是媽媽。媽媽大概習慣了。她只會臉很臭的簽名，完全不理我，是哥哥。因為媽媽叫哥哥要教我數學，可是哥哥教的時候，很兇。我愈不會，他罵得愈大聲。他愈大聲，我就愈害怕。愈害怕，我就愈不會。哥哥生氣起來，還會拿鉛筆盒敲我的頭。」

女孩摸著自己的頭頂正中央，她說：「就是這裡。現在還會隱隱作痛。但是，他再敲我的頭，也沒有用啊。可能還會把我敲笨。

「我真的不知道該怎麼讀數學。我只好乾脆用背的，把題目和答案都背起來。我只能祈禱老師出一樣的題目，我便可以把答案寫出來。不過，如果題目調整過，我就不會寫了。所以，這個六分是我背來的。」

聽完女孩說著數學噩夢，我真是身心難受如針螫。

「背數學」，這完全與學習、與教育無關啊。

這女孩為了分數，為了給父母和哥哥一個交代，真的是已經賣命了。

女孩上國中之後，遇到一位很嚴厲的英文老師，可能因為她在家早已習慣被嚴厲對待了，所以雖然沒有參加美語補習班，但女孩的語文天賦得以發揮。她的英文程度在全班同學中，顯得出類拔萃。

女孩後來還代表班上，參加全校的英語朗誦比賽。雖然沒有得到名次，也算有一點光榮的事蹟，可以讓她與兄姊們相比。

不過，考高中前，大家都看得出她所承受的龐大身心壓力，女孩極度焦慮。

本來就淡漠的臉蛋，線條繃得更緊。

女孩隨時都在低頭讀書。

放榜後，女孩沒有考上第一志願的女中，無法當她姊姊的學妹。我開始擔心她整個暑假，該如何度過。

一日，在便利商店巧遇。我問她：「還好嗎？」

女孩倔強地抿抿嘴，聳聳肩，說：「還好啊。習慣了，我早就料到了，也沒有多大意外。我媽媽收到我的成績單，直接往我臉上丟，然後對我大喊：『我沒有你這種女兒。』我想她這句話應該是忍很久了。早該說了，也難為她了。忍了這麼多年才說。」

其實，女孩考得並不差，以幾乎是少了一科的總分（數學還是個位數的分數啊！），考上第二志願。

只是，自然離女孩父母的期待甚遠。

女孩後來沒有讀高中，她選擇了一所語文職校。

我不得不讚嘆這女孩真是聰慧，不像一般年輕人，隨波逐流，執意要讀高中，當大學生。

我也感念女孩的父母終於拋下面子問題，瞭解女孩的特質，順應女孩的專長，願意讓她讀職校。

沒想到，當女孩不必再接觸數學之後，她在職校有非常卓越的表現。

女孩代表學校參加全市的英語演講比賽，她的學業成績也如鹹魚翻身。

女孩的步伐明顯輕盈許多，她的臉上也開始出現屬於青春少女，有些靦腆，但卻燦爛的笑容。

我們不期相遇時，她總會開朗地與我揮手、打招呼。

一切就像灰姑娘仙杜瑞拉遇到王子之後，人生開啟了希望光明之門。

女孩最後以全校第一名的成績畢業。她領到好幾張獎狀，在畢業典禮上非常風光，無人能比。

在社區碰到女孩時，我特別向她道賀，但我感受到她硬擠出笑容，勉強到笑容瞬間即退。

原來，女孩的畢業典禮，母親特別盛裝參加。從校長到導師，人人都對女孩誇讚有加，不料母親卻當著眾師長的面，語帶輕蔑地回應：「她喔，是我們家最笨的小孩了。來你們這種學校，才有機會當草霸王啊。」

頓時，原本一片歡樂的氣氛，立刻凍僵。

大家尷尬地乾笑幾聲，趕緊轉移話題。

女孩原本開心、榮耀的畢業典禮，卻還是逃不開被母親貶抑、詆毀的命運。

女孩後來插班、讀大學。畢業之後，到小學任教。

當女孩當起老師來，完全「反其媽而行」。對孩子既寬容又慈愛。

她會到每一位學生家裡做家庭訪問。到了學生家，即使再調皮搗蛋的孩子，她也都能找出孩子的優點。

她告訴家長，他們的孩子在學校表現有多麼可圈可點。隔天，回到學校，她會在課堂上，公開誇讚昨晚拜訪的學生。

女孩說：「不是只有成績好，才值得誇獎。每一個孩子都有他的特質，每一種特質，只要大人願意正向引導，都可以成為孩子人生的亮點。即使是愛打架的孩子，你可以引導他成為跆拳道高手，也可以鼓勵他長大後當最有戰鬥力的保全。我從小多麼渴望父母能多看我一眼，給我鼓勵的掌聲，但是，我的渴望從未實現過。我完全瞭解在被嫌棄中成長的感受。我不會給我的學生這樣的童年。我不要當一位像我母親的大人。」

為什麼要上學？

經過這些歷程之後，仍然選擇讀書，才是讀真的，而不是為了應付大人的期待，敷衍了事。

你上過學，我也上過學，可是，有沒有人想過「我們為什麼要上學？」

「我為什麼要上學？我不要上學。」

兒子上小學一年級之後，每天當我開車載他上學時，坐在汽車後座的他，總是不屈不撓，做最後的困獸之鬥。不過，他一次都沒有成功。

為什麼要上學？雖然我也說不出一個好理由，尤其，當我內心也認定學校，真像一個把所有小孩都製造成思想、能力、價值觀都一致的罐頭工廠時，我心裡其實也很糾葛。

「我為什麼要上學？我不要上學。」那一天坐在我面前，嚷著與我六歲兒子同樣話語的是一名讀高二快升高三的大男孩。

大男孩的父母帶他來，自然是希望我身為這孩子的家庭醫師，可以說一些堂皇又動人的理由，說服孩子不要再拒學。

原來，孩子讀國中時，已經覺得自己對讀書了無興趣，因此，孩子希望能就讀職業學校，早早脫離死背、苦讀的升學生涯。

不過，孩子的父母非常猶豫，或者說得坦白些，是期待落空。

因為這孩子小學畢業時得過議長獎，孩子的學業成績也曾有輝煌、傲人的時刻。父母認定孩子是一塊讀書的料，孩子並不是頭腦不精，可能只是十三、四歲雄性荷爾蒙大激發時，被花花世界所蠱惑，才無法靜下心來專心於課業。

原本父母希望兒子能隨著年歲增長，漸懂世事，明瞭文憑的重要，然後自發性地走回讀書的「正途」。

不料，當兒子上了高中，卻變本加厲。

高一時，兒子勉強度過。升上高二之後，兒子一週上不到三天課，缺課缺到快被退學的地步。

平日父母早早上班去，孩子往往在床上繼續他的南柯大夢，一直睡到中午，才姍姍前往學校。

父母覺得這樣實在不行，只好盯著兒子準時去上學，但是兒子即使到學校，也會拿頭痛、肚子痛當理由，躺在保健室，不進教室，或者乾脆書包一背，轉身離校，打道回府。

「你現在高二快升高三了，只要再撐一年多，就可以高中畢業，至少有個基本學歷。這樣有過分嗎？難道有這麼困難嗎？我們也沒有要求你的成績。我們只是要你能讀完高中，好好畢業而已啊。」

母親近乎懇求地拜託兒子。

兒子卻反駁。

「有沒有高中學歷，有什麼差別?!又不是博士。就算是博士，也不一定找得到什麼好工作。滿街都是失業的博士。」

孩子的「文憑無用論」，不知是從哪裡抄襲來的，說得彷彿有幾分道理，也有幾分偏頗。

「好。如果你現在就辦休學，以你高中二年級肄業的學歷，你想要做什麼？你對未來有什麼打算？」

我嚴肅地詢問孩子。

我是真心想瞭解他的想法，而不是恐嚇、威脅他。

「我已經滿十六歲。我可以工作，養活自己了。下班時，就打打籃球、玩玩電動。要生活自主，一點也不困難，不一定要讀書。」

「但是，以高中肄業的學歷，你想要做什麼工作？」

「到7-11工作啊。我暑假打工過，很容易的。我做得很順手。」

「你想要在7-11工作多久？一直拿每個月二十二K的薪水嗎？」

「如果，我需要更多錢，我可以學木工，也可以蓋房子。那一些工作都不會要求學歷，而且薪水還很優。」

「聽起來，你好像已經通盤考量過了，並非只是想偷懶，任性決定便拒學。既然如此，也許我們可以試試看。」

我帶著詢問的意味，轉頭望向孩子的父母。

孩子的父母明顯表露既驚訝，又不敢置信的表情。

父母兩人的臉上好像都寫著：「怎麼會是這一種結果？」

看來，我必須先說服孩子的父母。

「你們的孩子，非常聰明。經過暑假工讀，他瞭解要賺錢生存，不一定得依靠高學歷，也可以靠體力和雙手。

「他已經找不到必須讀書的理由，繼續在高中就讀，對他而言，簡直是毫無意義的煎熬。此刻，你們要他返回學校，關回教室，就如同蛟龍陷淺灘，飛鳥困鐵籠。

「你們可以強迫他的軀體，但是喚不回他的心。逼迫他心不甘情不願地上學讀書，恐怕只是彼此折磨。」

接著，我舉了身邊好幾個例子。

「我有一位當木工師傅的朋友，他曾經分析過讀大學和不讀大學，而去學木工的優劣，我覺得挺有道理的。

「他說學木工，其實不必上大學，把時間和學費省下來，只要願意學功夫，一個月絕對能賺五、六萬元。養家活口，綽綽有餘。只是要冒著手指頭會被機器切斷的風險，同時還必須耐得住同年齡的朋友，臉書上可能都貼著四處遊玩尋樂的照片，而你卻臭汗淋漓地在做工。

「我也認識一位年輕人，國中畢業後就不再升學。他學修理冷氣。大概工作了三年，他的同學已經高中畢業時，他才又決定要返回學校讀書，如今也就讀公立高中。

「經過這些歷程之後，仍然選擇讀書，才是讀真的，而不是為了應付大人的期待，敷衍了事。

「我自己也有一位朋友的小孩，同樣讀到高二，卻告訴他的父母，說他不想讀高中了。他很清楚地表示自己對烹飪有興趣，想要當廚師。不過，他並不想先讀餐飲科系。孩子說他讀書讀得很煩了，他想要成為一位『做』料理的廚師，而不是『讀』料理的廚師。

「雖然親朋好友、阿公阿嬤都力勸他萬萬不可，但是他的父母卻完全支持他的決定，真的讓他休學，先到西餐廳學做西式料理。

「其實，孩子自己想得很清楚。他說，如果需要考證照時，他會再去補習、上課。他相信有了技術與經驗，這些都不困難。經過這幾年，如今這孩子做料理做得頗有心得。他從不後悔幾年前如此倉促、唐突的休學。」

應該是這幾個雖然高中沒有畢業，但是顯然並非世界末日，對孩子來說，也仍然四處有路可走的例子，打動了這一對父母的心。

他們從堅持孩子必須完成高中學業，到容許無心念書的孩子先休學，到7-11工作，嘗試掌握自己的未來。

我告訴父母：「當孩子迷惘的時候，請讓孩子有親自探索人生方向的時間與機會。或許這會花一年、兩年的時間，但是又何妨。只有孩子找到他自己想走的路，他的步伐才會毫不猶疑地往前邁進。人生很長，並不差這一、兩年。」

半年後，孩子自己主動告訴父母：「我不想再上班了，我想回學校讀書。」孩子順利讀完高中，完全不用父母操心。之後，孩子選擇升學，讀餐飲科系。

當我得知這消息的時候，想起了我當年舉的例子：難道他想要當「讀」料理，也「做」料理的廚師。

功課抄人

人家是麵包超人，我們是功課抄人。

從小隨著擔任外交官的父親，周遊各國，總是張著夏日豔陽般笑容的珊珊，有著隨遇而安的個性。

我最愛聽珊珊回台灣時，告訴從來沒有在國外讀書的我，許多讓我聽來驚呼連連的上學狀況。

珊珊在台灣也曾經有過短暫求學的經驗。在小學六年級時，她回台灣讀了一個學期。

那是個有如夢魘的半年。

珊珊那時每一次來看診，必定抱怨不已。

「醫生阿姨，為什麼在台灣一進教室就不能講話啊？老師又還沒有上課。我們在美國，進教室看到同學，好開心，大家都會嘰嘰喳喳聊不完。像週末，我們全家去露營，我恨不得趕快飛回學校，與同學分享我在露營時，看到一條蛇，媽媽差點嚇昏，我卻一點都不害怕的事。我覺得同學聽到一定也會嚇得大呼小叫啊。

「可是，在台灣，當我一走進教室，我才與坐隔壁的好朋友小聲地講兩句，馬上被班長把名字記在黑板上。台灣人不知道朋友是要經常講話的嗎？開心的事、生氣的事、難過的事，都有好朋友可以分享，是很重要的。在美國，只有沒有朋友的人，才會進教室看到同學時，安安靜靜，不吭聲。」

才小六的珊珊說得滿有道理。

朋友之間確實需要時常講話、互動，那是一份同甘共苦，彼此分擔、分享的情誼啊。但是台灣的大人好像不太理會孩子從小的情感交流與人際關係，我還聽過有國中是每一個學期都依照學生的成績分布，讓全校的學生重新分班，大洗牌。完全是以成績導向，根本把孩子當成無感、無情的無機體般擺布。

珊珊也一直無法理解，為什麼上課時不能發表意見，尤其是與老師不同的意見。

「在美國，上課的時候，我們被要求必須經常發表看法，而且一定要和老師說的不一樣。如果與老師說的都相同，那麼何必浪費時間，再聽你說一遍呢？發表的想法愈稀奇古怪愈好，最好是老師想都沒想到，讓老師聽到時，眼睛睜得好大，快掉下巴的最好。我們不只上課時要一直講話，有時候也會以上台口頭報告來代替考試，所以，幾乎每天都要講很多話。」

從一個每天都要講很多話的求學環境，轉到一個時時刻刻都要求孩子安靜、不要講話的地方，真是難為了珊珊。

珊珊說：「在台灣的學校，不能講話已經夠慘了，還不能動。要一直坐在座位上，一坐就坐四十分鐘。可是大部分上課的時間，都很無聊，真的很無聊。有時候，老師在改聯絡簿，就放教學影帶給我們看。什麼筆畫，一筆一捺，我快受不了了。

「可是不能出聲音，也不能動來動去。我只好想像自己是一種植物。哪一種植物？都可以啊。最好是一棵樹，不要是玫瑰花、水仙花，因為花還會隨風搖曳，樹木才能定定地立著。

「學校就像是植物園，每一個班級，就是一個區。例如，我們班可以叫做『檜木區』，隔壁班就叫做『樟木區』、『黑板樹區』之類的。老師施肥，我們負責吃肥料長高。老師是陽光，每一株樹都乖乖朝向光源長大。」

聽到珊珊絕妙的比喻，我笑到前俯後仰，差點岔了氣。

但笑完，平歇了氣，一股悲傷的情緒，卻自我的內心深處緩緩升起。

為什麼我們會把一群活潑亂跳的小動物，養成植物呢？為什麼我們會期待小動物以植物的狀態成長呢？

當然還有家庭作業，更是被珊珊抱怨到翻桌。

「在台灣，我每天花在寫字上的時間，大概是在美國的三、四倍。在美國，其實也有家庭作業，可是作業的形式有很多種。例如，我們有一週的主題是『日本』，那一週的家庭作業就是：回家做壽司給家人吃。下午放學後，我就開始忙，一直忙到晚餐的時間，我終於做好了兩捲海苔壽司。我覺得很好吃。

「除了動手，我們的作業還經常是閱讀。我可以到學校圖書館，或者社區流動型的圖書館借書。什麼是社區流動型的圖書館？就是有一輛車，在每天下午放學後，會來到我們社區，讓我們借書。

「我覺得讀書比抄書有趣多了。台灣好像老是要小朋友抄書，一直抄，一直抄。有同學說：『人家是麵包超人，我們是功課抄人。』在台灣放學寫作業，是我人生最痛苦的事了。」

有一回，從校外教學回來後，珊珊發燒來看診。

我說：「因為校外教學，而生病發燒，也算值得吧，至少是為了好玩的事情啊。」

不料，珊珊搖搖頭。

珊珊說：「我回來台灣之前，是在法國。你無法想像我在法國讀書時，校外教學是怎麼運作的。老師會讓我們全班同學，每一位都先回家想一想，蒐集資料，也可以請教家人，看看是要去哪裡校外教學。然後，下一週，大家紛紛上台報告、推銷他想要去的地點。等全部報告完畢，再由全班同學投票，決定要去哪裡校外教學。地點決定好了，我們大家再一起討論，要怎麼去呢？搭什麼交通工具呢？到了那裡，我們可以參觀什麼，玩什麼，什麼地方我們可以待久一點，什麼地方可以快點離開……這些細節都有結論之後，我們把報告書傳給老師，而老師只負責陪我們前往。」

我聽到這種教育的內涵，豈止是開了眼界，簡直如衝上雲霄，頭頂綻放燦爛煙火。

反觀台灣的戶外教學，一定是學校統一規定「寓教於樂」的地點。學生回家後，再寫篇至少五百個字以上的心得報告。

難怪珊珊會搖頭回應我。

珊珊原本想在台灣讀完一學年，卻提早在一個學期後，即離開台灣。

最後逼走她的主因是，老師為了提升珊珊的國文分數，竟然出了一個餿主意。如果珊珊月考國文考九十分以上，老師就請全班同學喝飲料。

珊珊簡直成了全班的生死關鍵。

她日日戰戰兢兢，連夜半都會驚醒。深恐誤了大家的飲料，成了班上的罪人。

還好，不負眾望，珊珊的國文考了九十二分，大家都有飲料可喝。

不過，珊珊卻因為壓力過大，導致甲狀腺功能出現異常。

珊珊再度出國後，我仍然偶爾會聽到珊珊媽媽提起她在國外有趣的求學故事。例如，考物理時，考到全班剩下她一個人還在振筆疾書，繼續陪她考試的老師，甚至陪到肚子餓，叫披薩進來吃。

這些故事，總是聽得我興致盎然。

高二時，珊珊又回台灣了。我繼續收聽她的「台灣求學抱怨記」。

「媽媽有沒有告訴你，我在美國，物理是全校第一名？沒有？好吧。然後，我在台灣的物理是被當掉，不及格。兩邊出的題目差很多啊。

「在美國，物理的考題是：『請舉一個生活上的例子，說明這百年來對人類有助益的物理發明。』台灣呢？就是要你算來算去。

「為什麼過了這麼多年，台灣考試出題的形式，還是沒有改變？例如，我們兩邊都教《羅密歐與茱麗葉》，這是莎士比亞的名著。在美國，老師可能會考：『如果你是羅密歐，你會怎麼做？如果你是茱麗葉呢？為什麼你決定這樣做？』可是，在台灣，大概就是考：『這是什麼年代的著作？作者是誰？是書寫什麼內容的作品？』」

珊珊後來與台灣的另外兩位同學代表學校，到中國參加亞洲英語辯論比賽。回來後，她的心情卻很沮喪。

她說另外兩位同組的同學與她的想法差距太大，所以，她們搭配起來很辛苦。

不出我所料，過沒幾個星期，珊珊再度來道別。

只是她這回臨別時，說了讓我如掛了世紀重錘般沉重無比的話。

她說：「醫生阿姨，我大概不會再回台灣念書了。如果我再繼續留在這裡念書，我會窒息而死。」

這樣已經過了五年了吧，珊珊沒有再回來。

耽誤

已上大學的孩子，一旦沒有標準答案，就不知所措。

我在某大學的健康中心兼任校醫已經數十年。
我記得那是如常的一天，一對新面孔的母子踏進校園診間。
母親先坐定後，一個約莫十幾二十歲的男孩，乖巧地站在母親背後。
母親明顯掌控了孩子來就診的主動權與發言權。

「我的孩子剛來高雄，需不需要打什麼疫苗？還是，打什麼針，可以預防生病？」

「開學前，學校會體檢，看B型肝炎還有沒有抗體。如果沒有，再補打疫苗就可以了。」我輕鬆地解釋。

「可是……你們高雄的水不是很髒嗎？能喝嗎？」

顯然這位母親大人擔心的不只是B型肝炎。

「是化學味道比較重，但是我們高雄人都是喝這樣的水，也還活著。如果你擔心，可以請孩子買礦泉水。」

「還有空氣污染……高雄的空氣都紫爆。孩子每天吸這樣的空氣，怎麼辦呢？」

我實在很想叫她不妨考慮戴防毒面具過日子，可是我還記得保持一點醫師的正面形象。

「不只有水髒、空污嚴重，南部好像也有很多傳染病。我的孩子現在住高雄，安全嗎？」

「這裡是高雄，不是非洲啊，更何況今年的登革熱疫情，台北比高雄嚴重，我看還是快快搬來高雄，比較安全啊。」

這位母親似乎把南部當成蠻荒地帶的野人出沒區了。她忘記眼前這一位聽她抱怨高雄如瘴癘之地的醫師，就是喝這裡的水、呼吸這裡的空氣，土生土長的高雄人啊。

這一路的對話，充滿無知與偏見。我很訝異應該處於不耐囉嗦、有主見年紀的男孩，竟然沉默不語。

男孩毫無欲言又止，試圖插嘴的舉動。顯然男孩被馴服得頗成功。

過沒幾天，我接到這個讓人過目難忘的母親來電。

「醫生啊，你還記得我嗎？請問你們學校宿舍的飲水機，放在哪裡啊？」

「咦？你在學校宿舍嗎？」

「不是啦，我已經回台北了，是我兒子打電話來問我，他不知道飲水機的位置，我想這學校我跟你最熟，所以問你比較快啦……」

我不知道學校宿舍的飲水機位置，而且，我也不認為這是身為學生母親需要知道的訊息。

如此媽媽養出的媽寶小孩，絕非僅有。

我想起許多年前參加兒子的大學親師座談會。在我上學的年代，只有讀小學時有所謂的「母姊會」，讓平日忙於教學的老師與為生計奔波的家長有互動、溝通的機會。

如今母姊會發揚光大，大學也有了。只見堂堂校長與各級長官站在大禮堂上，接受台下家長的提問與建議。

家長提問的內容，常常讓我有不知今夕是何夕的錯置感。

有家長提問：「學校有沒有制定任何措施，能管制孩子打電玩不能打太晚？否則孩子住宿舍裡，沒有大人管。我們擔心孩子會打電玩打到熬夜，影響明天上課。」

另外，還有家長希望學校宿舍要設宵禁，尤其是女生宿舍，更應該嚴格執行。

顯然，這些父母都忘記了，他們的孩子已經接近成年。孩子自己就是大人，大學宿舍裡沒有住半個「小孩」。

也有家長建議學校找洗衣店，每日到宿舍，收學生換下來的髒衣服，以省卻孩子每一天要洗衣服、曬衣服，或烘乾衣服的勞務。

這一位家長似乎把住宿舍視為住五星級大飯店，只差沒有叫「客房服務」了。

約莫過了兩個月，這位同學的母親又出現在校園診間。不過，這一回是獨自前來。她說想私下與我聊聊，詢問我的意見。

她談到孩子讀大學之後，無法適應。孩子不知如何讀書與準備考試。

「我的孩子很乖巧，也很用功。他的中文很強，可是他爸爸反對他填中文系，所以才考上這個系。他本來的志願是想填X大，不過我比較喜歡這所學校，所以是我要他把這所大學填在前面的志願。」

母親的這一番說詞，聽得我一臉疑惑。我搞不清楚究竟是誰在讀大學。怎麼會有一個將近二十歲的年輕人，能任父母擺布到這種田地？怎麼會有父母膽敢左右孩子的人生，到如此肆無忌憚，就如同抓著命運大筆，隨意亂揮的地步？這孩子所經歷的大學生涯，是他父母的選擇，並不是他要的。應該請他父母自己來讀才是。

我建議這位母親向學校老師說明孩子的難處，也許老師可以協助孩子慢慢適應。

但母親對我說：「孩子回家向我抱怨：『教授上課沒有重點，也沒有教什麼內容，就要我們上台發表感想，我怎麼知道要發表什麼才對呢？高中時，老師上課都會告訴我們重點是什麼，也會條列整理。我的鉛筆盒裡，有紅筆、藍筆、黑筆。上課時，可以一直畫線，標明重點，也一直抄。但是，現在上課，筆拿起來，一整堂課，寫不了半個字，畫不了半條線。』」

這位媽媽說她聯繫了班上其他幾位家長，一位爸爸抱怨說他的孩子也遇到相同的困難。

我不再質疑已經是大學生的孩子，為何沒有聲音，為何不會質疑。這真是「非戰之罪」啊。

在考上大學之前，我們究竟給了這一群既乖巧又用功的孩子，什麼樣的教育啊？造成孩子沒有標準答案就不知所措；不能表現完美，就不敢開口。占滿孩子腦袋的是課本上的重點，一再訓練的腦力是記憶，而孩子的思辨與論述能力，在尚未開發前就已經萎縮。

教育啊教育，究竟是在作育英才，還是在撲滅人才？

所以，孩子上了大學又如何？孩子即使踏進大學的殿堂了，但長久以來，他們靠背誦的學習方式，豈有可能立即改成思考、創造的學習模式呢？

這些孩子上大學會適應不良，而教授何嘗不也教得心力交瘁呢？

難怪曾經有教授戲謔地說他們對大學新鮮人的任務，是先急救。把思考能力已經奄奄一息的孩子，先救活再說，能救幾個，算幾個。

不過如果已經病入膏肓的，他們也只好放棄。

果不出我所料，又過了一個月，這對母子再度連袂進來我的診間。

不過，這回沒有掛號。他們是來道別。

母親說：「實在沒有辦法讀這種科系了。你知道嗎？考試只出兩題問答題，就發幾張空白紙，讓你隨便寫。天底下有這種考試嗎？我兒子很用功，讀了好幾個晚上，結果是交白卷。這怎麼讀下去啊？我不好意思說是這裡的教授不負責任。可能是我的兒子讀錯科系、上錯大學了。所以，我們休學了，準備明年重考，才不會被耽誤一輩子。」

送上祝福，我目送這對母子離開。

明年，我會在大學放榜名單上搜尋這孩子的名字，希望他能找到適合的學校與科系。

至於「耽誤一輩子」？孩子，你是被耽誤了半輩子，沒錯。只是，你也要自己想想看，究竟是什麼耽誤了你半輩子。

拒學

「我去看醫生，醫生說得好像我真的得了一種精神病。」

「我根本不受誰的威脅，隨時準備與強者對決……我不在意流言蜚語，也不屑人們的非議，規則全都被我廢棄……」女孩哼唱著歌，說：「這是我最喜歡的一首歌，叫〈異類〉。它的歌詞，就是我的寫照。」

「我的女兒今年讀國三了，但是她卻不願意再上學。無論我打她、罵她，都沒用。她不去就是不去。我已經完全束手無策了。醫生，請你幫幫我……」

對照母親捎來極度無助與卑微的求助訊息，再看著眼前這一個瀟灑自如、神態睥睨一切的女孩，頗有「皇帝不急，急死太監」的錯亂。

不同於多數處於青春叛逆期的孩子，大多帶著不甩人的習性。這孩子完全無須我費心，自己侃侃而談。

她從小學開始的諸多不平，滔滔說起。

「你相信嗎？我小學的時候，被霸凌過。先是班上一個有錢的女生，她嘲笑我的頭髮很醜，又說我身上有一股臭味，叫大家不要跟我做朋友。

「連我最要好的朋友，也開始對我愛理不理。本來下課的時候，我們一定會一起聊天，一起玩。結果，有一天下課我去找她，她突然跑掉，放學也不再等我一起回家了。

「我覺得很奇怪，於是跑到她家去找她。她才告訴我，她被那個大姊頭放話警告，如果敢再跟我做朋友，就連她一起欺負。

「你猜這件事情後來怎麼解決的。什麼？報告老師？太好笑了。等一下，我再告訴你，我們班那個爛導師的一籮筐爛事。

「老師根本不會處理霸凌。你們大人只會要求我們被欺負時，要報告老師。報告老師是有屁用。

「被欺負的人跑去告訴老師。老師只會要求欺負人的同學，向被打的同學道歉。道歉完，彷彿世界太平，什麼事也沒有了。你們大人只會自欺欺人。等老師不在班上的時候，那個去告密的同學，苦日子就到了。那一些霸凌她的人，大開刑庭，動用私刑了。

「你們大人難道純真成這樣嗎？我不相信老師會這麼笨。大人其實才懶得管我們這些壞學生的死活，只是做個樣子，以為我們看不出來嗎？」

這孩子，年紀輕輕，卻看似歷盡風霜，看透人世虛偽。

成人世界的階級歧視、裝模作樣，在她眼前，無所遁逃。

「我用的方法，很直接，也很有效——就是找她單挑。對，就在教室裡，我故意的。我就是要讓同學們都看到，如果敢欺人太甚，我一定不會讓你有好日子過。

「其實，這種貨色，也不會多兇悍，都是欺善怕惡。只要比她兇狠，她便跪地求饒了。後來，學校都在傳，說我背後有靠山。真是胡說八道，不過，要亂傳就讓他們傳，以後沒有人敢欺負我和我的朋友了。

「我們國小六年級的導師是一位男老師，是色狼老師。他會對我們女同學毛手毛腳，超噁心的。可是，他不敢對我怎麼樣。我想他多少有聽過關於我的傳聞。

「他會在收作業簿的時候，故意摸女生的手。有時，走過女同學身旁，還會把手搭在女生的肩膀上，非常討厭。所以，我們一群女生下課的時候，如果看到他走過來，大家都會躲在我的後面，要我保護她們。大家都知道，他不敢對我怎麼樣。

「這個老師的壞，不只有這樣。他生氣起來的時候，非常可怕。曾經有同學功課沒有寫。老師問她話，她也不吭聲，老師氣到雙手掐住她的脖子，一直搖。還有一次，兩個同學在上課的時候，一直說話。老師氣到從抽屜裡，拿出一顆棒球，朝同學的方向丟過去，把我們嚇得尖叫。

「我們同學討論過，要不要去告老師，因為他真的太誇張了。同學們要我想辦法，但我又不是真的有靠山，能有什麼辦法。」

此時，女孩聳聳肩，顯得無奈，但也露出幾分得意的表情。

「我在小學是一戰成名，即使到國中……有一回，我走過一年級的教室，看到一個小不點的男生，被幾個同學圍起來揍。

「我走過去，大聲問他們：『你們在幹什麼？』那幾個臭男生，回頭看到是我，馬上一哄而散。被圍在中間的小不點，我也不認識他，卻緊抱著我哭。甚至到現在，我還會接到有人寫訊息給我，說有人要欺負他，拜託我保護他。我以前被霸凌，現在我要保護被霸凌的人。」

眼前的拒學女孩，瞬間化身為正義女神，凜然之氣，油然而生。

「人家說學校是小型的社會，我在我現在的班級確實領悟到了。學校是個傳統的舊社會，階級分明。有貴族，有賤民，但由誰來分？老師，老師是階級的製造者。老師憑什麼來分？憑分數。

「成績好的學生是學校的貴族，成績差的就是賤民。而我呢？是要帶領賤民起來革命的反抗軍。呵呵呵，是被老師規定坐在垃圾桶旁邊的反抗軍。」

這孩子對傳統學校有許多的不以為然。那些不以為然，不純然是無理的叛逆，有許多倒是比較接近教育的真諦。

「為什麼中午廣播都是老師在講話？為什麼不能把廣播麥克風交給學生？讓學生來放我們愛聽的音樂，說我們想聽的話……

「我因為穿耳洞，因此戴了耳針，卻被老師叫去罵，說要記警告。請問有多少老師也穿耳洞。穿完耳洞，不必戴耳針嗎？不只穿耳洞要被訓話，上回媽媽染髮完，剩下一點點咖啡色的染料，不是紅色、藍色、紫色，是咖啡色喔，媽媽叫我也輕輕少少地刷一下，就只有一點點。

「隔天，又被老師叫去臭罵一頓，說我在搞怪。很奇怪啊，我覺得學校和老師，喜歡學生土土、醜醜的。如果，我們把自己妝扮得美麗一點，老師的心情便不美麗。這些大人是跟美麗有仇嗎？學校不是說要有『美育』嗎？是美到哪裡去了。都在騙人。」

老師說女孩有問題，請媽媽帶女孩去看醫師。

診斷後，醫師也認為女孩有問題，必須服藥治療。

女孩吃了一個星期的藥，因為感覺非常痛苦，媽媽看了也心疼不已，便自動停藥。

女孩說：「我去看醫生，醫生說得好像我真的得了一種精神病。我聽了好害怕，只好乖乖聽話、吃藥。可是，你知道吃那種藥的感覺嗎？就好像在開紅酒，開瓶器一直往酒瓶蓋，一邊扭，一邊鑽下去。一直扭，一直鑽。我覺得頭快爆炸了，然後，酒瓶蓋爆開了，我也吐了。」

女孩最後說了一個故事，是關於她惦記的一位同學。

「我已經好久沒有見過她了。她說她媽媽要她去援交。我們都勸她，千萬不可以，我甚至打電話給一一三，請社會局救我的同學。可是，社會局說我們沒有證據。

「我後來要她躲在我家，但是她最後還是聽她媽媽的話，休學了。過了一個學期，她來學校找我們，我們卻完全認不出她來。她化了濃妝，穿得像大人一樣。我想問她真的做了那件事了嗎？卻不敢問。好久沒見面，也不知道要跟她說什麼。我覺得很難受，可是看她卻笑笑的。

「為什麼她可以不讀書？我這樣天天在小社會裡當革命黨，被老師處罰，卻不可以不上學。為什麼？」

女孩最後丟下一個我也無法回答的問題。

「如果我去上學，只是被老師當作叛亂分子，每天被處罰。即使我離開教室，躲在輔導中心，其他老師一進來看到我，便飄來質疑的眼神，問我：『你為什麼在這裡？你為什麼沒有在教室？』請問醫師，我為什麼要上學？」

我不要回台灣讀書

「我告訴你喔，我考一百分。可是他只考七十二分，他好爛喔。」

「我不要回台灣，我不要回台灣。要回去，你自己回去。我要留在美國讀書。」

帶著孩子到美國讀小學近一年的朋友來電。她說起最近要帶孩子回台灣了，但孩子對她狂呼不已。

伴著大滴小滴的淚水，孩子先是央求她，最後是如大崩潰般的嘶喊、吼叫。

幾年前，朋友在美國讀博士，學成返台後，我便陪著她四處探訪幼兒園，希望能找到一個棲身之處，適合她當時才四歲的兒子。

我帶她參觀的都是在市區名聲響亮的幼兒園。

誰知學教育的朋友，每看完一家，便否決掉一家。

我們至少踏遍了六、七家的幼兒園，而她也搖了六、七次的頭。

「你怎麼這麼麻煩。我帶你參觀的這幾家幼兒園，都是號稱最開放、活潑高級的幼兒園了。如果這樣的幼兒園，你都還不滿意。你的小孩沒有幼兒園可讀了啦。」

結果，朋友的回答，給在台灣看這樣的幼兒園習慣成自然的我，一記當頭棒喝。

她說：「這些幼兒園都太安靜，也太整齊了。在充滿三、四、五歲孩子的場所裡，你不覺得這樣很反常嗎？

「像那一家外表看起來很高級的幼兒園，一位老師對著小朋友們說著故事，老師也不是使盡渾身解數，花招百出，怎麼可能全班二十名小朋友都乖乖圍著老師聽故事呢？更別說有的還是外籍老師，使用全美語說故事，難道每一個小朋友都聽得懂英語嗎？我不相信。

「但是，聽不懂的孩子，為什麼仍然乖乖坐著聽，而不敢妄動呢？如果這些孩子的身心是自由的，在正常狀態下，可能只有五、六位小朋友圍著老師聽故事。另外，有些孩子在角落玩他們自己想玩的玩具，有些則自顧自地繞圈跑，還有些可能只是躺在地上翻滾。

「可是，你帶我參觀的幼兒園，沒有任何一家幼兒園有這些正常小孩的表現。我所看見的，是一群群不是擔心不乖會被處罰，不然就是已被訓練成動作一致、規格化的小動物。」

聽朋友一席話之後，我完全放棄繼續幫朋友找合適的幼兒園的念頭。因為以我一介草民的認知，我想朋友以為正常的幼兒園，在台灣大概僅存於上世紀。今日孩子上的幼兒園，應該都屬朋友數落下戕害幼苗的變態等級。

後來，聽聞朋友的孩子上了某小學的附設幼兒園。公設幼兒園比較不強調知能的學習，倒也勉強符合朋友期待孩子就是要像個孩子般健康成長的願望。

但是災難卻在孩子上小學之後，一一發生。

朋友再也躲不掉這籠罩整個台灣天空的烏雲，那幾乎是每個孩子都得承受的傾盆黑雨。

首當其衝的是寫字。

朋友的孩子，生性天真可愛，但是對嚴謹的大人而言，可能會嫌孩子好動、沒規矩，加上家裡的大人也容許他維持原貌地成長，而之前又是選擇不講究書寫背誦、禮貌的幼兒園，孩子上小學後，自然衝擊巨大。

朋友只好經常出入學校，與老師進行同業間的溝通。

朋友的孩子，寫字沒有困難，困難的是要連續寫一整頁的字。

朋友的孩子，考試也沒問題，問題是全班考一百分、九十九分的同學多如樹林，他是那棵考七十分的孤伶小樹。

朋友到學校接小孩時，偶爾還得接受其他滿分小孩的揶揄。

「我告訴你喔，我考一百分喔。可是他只考七十二分，他好爛喔。」

撇開無趣的學校課堂學習，一聊起孩子認識的動物，孩子如數家珍，頭頭是道。

孩子打起躲避球來，更是虎虎生風，班上缺他不可。

孩子的最愛是《星際大戰》。只要一翻開與星際大戰相關的書籍，孩子往往倒背如流，愛不釋手。

朋友幫孩子轉了好幾所學校。從明星小學到鄉間小學，命運卻是從坎坷到鬱卒。孩子最後只能從躲避球中，找到上學的樂趣。

為了孩子，朋友積極向公司申請到美國進修一年的機會。後來，終於成行。

本來我也替孩子擔心，因為他長得矮小，我深恐他在美國那巨人國裡，會被欺凌。對於英語，孩子只略懂一二，他又要如何跟得上其他同學。

如果求學再遇到挫折，我真的難以想像這十歲的孩子，要如何熬過以後冗長的求學人生。

朋友赴美之後，偶爾來電，我當然一定會關心孩子在學校適應的情況。因為不曾出國生活，我並不瞭解美國的教育現況。從朋友所敘述，顯然孩子在美國求學，比起在台灣，快樂許多。

朋友說孩子初進學校，因為語言關係，自然跟不上，但是，學校特別為非英語系國家來的孩子，安排另外一位老師，連考試卷也與本國孩子不同。

而這位語文暫時跟不上的學生，老師就是有本事讓他在學校有榮譽感。

老師把孩子畫得唯妙唯肖的星際大戰機器人，張貼在學校的玄關，讓全校同學都能看到這張美麗的圖畫。

孩子那一天回家，得意洋洋地對母親描述同學看到那一張畫之後，如何熱烈地跟他討論《星際大戰》。

朋友說，孩子那樣的神情，不僅神采飛揚，更有著被全然接納的幸福。

真的不得不佩服，是什麼樣的教育內容與互動，可以讓一位字認識不了幾個，話說不了幾句的外國孩子，載欣載奔去上學？

朋友後來傳給我看一張考試卷，那是孩子的第一張英語單字測驗卷。

測驗卷改起來，很簡單，就是一個大叉叉，零鴨蛋，因為孩子沒有寫對任一個單字。

可是，懂孩子心的老師，不僅給了分數，還寫了幾個字的評語。

評語寫著孩子好努力，每個單字的第一個英文字母，都寫得好漂亮、好棒，然後是一個笑笑臉。

剎那間，我秒懂老師是如何讓這孩子歡喜上學，開心學習了。因為當誇讚無所不在，孩子肯定無所不能。

新年假期時，朋友帶著孩子回台灣。

朋友眉飛色舞地聊著孩子現在會自動到學校圖書館借兒童小說回來閱讀。一本接著一本，儼然已是一位小小文學家。

朋友歡愉的笑聲已經取代這幾年來，每當提到孩子的求學時，所展現的愁容。

不過，在一旁的孩子，竟然開口問她：「媽媽，我們什麼時候才要回去？我好想趕快回美國上學喔。」

瞬間，我真想讓之前教過這孩子的台灣老師們，聽到這一段話。

究竟是什麼魔力，讓本來對閱讀避之唯恐不及的孩子，熱愛閱讀？讓厭惡上學的孩子，如此熱愛上學？又是什麼魔咒，讓回家鄉讀書，成為夢魘，可怕到孩子寧可棄母離父，也不願回台灣？

度完新年假期，他們又回美國了，但隨著必須返台的日期愈來愈逼近，「我不要回台灣，我要留在美國上學」的吶喊聲，也從遠到近，聲聲淒厲，字字刺痛大人的心。

「孩子，我們只能回台灣讀書。我們沒有別的選擇了。」

朋友如此回應孩子的吶喊，這是唯一的求學之路了。

「快樂學鋼琴」的約定

身為一位孩子的母親，我也有私心的期待。

雖然我口口聲聲四處宣揚：「還孩子做自己。」「大人不要把自己的期望放在孩子身上。」「父母自己無法實現的夢想，不要讓孩子幫你完成。」「你的孩子不是你的孩子」……但是，午夜夢迴，我身為一位孩子的母親，在茹苦含辛地拉拔孩子長大的過程中，難道都沒有暗中偷渡，放上任何私心的期待嗎？

答案是：絕對有。

一九六〇年代，我的童年是個但求溫飽的時代。家家戶戶忙於生計，孩子放學結群遊蕩去。最正式的衣服是制服，最標致的鞋，是上學那一雙黑裡透白的皮鞋。

我有一個好朋友，我們從幼稚園一直同班到小學六年級。這個好朋友彈了一手好鋼琴。而「彈鋼琴」，對我來說，卻如同夢幻一般。

她經常被請上學校的禮堂表演。彈琴時，需要有人幫忙翻琴譜，她總是邀請我上台幫忙。

可是，我根本看不懂琴譜。不，正確的說法應該是，五線譜和上面所有的豆芽菜，我全部都看不懂。

我在台上，心情慌亂，卻要假裝看得懂琴譜，亂翻一通。

於是，在小學二年級，當導師問全班同學，有沒有人要學鋼琴時，我毫不猶豫地舉手。

老師要我回家徵詢父母同意。

還記得那一天放學，我的內心真是天人交戰。

我想問媽媽，但媽媽忙到不可開交，根本連正眼看我的時間都沒有，而且，我心裡也明白，母親不可能有餘錢，讓我學無益於民生的鋼琴。

隔天，我只能悵然回報老師：「我媽媽不答應。」

其實，我根本沒有問過母親。

唱歌是我自幼的嗜好，而只要一聽到哥哥、姊姊唱的歌曲，我很快就能朗朗上口。

有一回，上音樂課時，老師問：「有沒有人會唱這首〈台灣光復紀念歌〉？」

我馬上舉手，且站起來高歌。

接著老師說：「很好。現在請你照著樂譜，再唱一遍。」

我瞬間羞紅了臉，音量小到自己都聽不清楚。

我回老師：「我不會看譜。」

當下，嘲笑聲四起，尤其班上另一名家境優渥，頭上綁著兩支麻花辮，也會彈鋼琴的女同學，更是誇張地笑到前俯後仰、花枝亂顫。

因為自小沒有學音樂，總是讓我一再心靈受創，我不希望兒子步上我的後塵，於是五歲時，我便帶他去參加打擊樂班。

我自以為敲敲打打，應該是所有小孩都會喜歡。可是，當我每次抽空去探望兒子時，所看到的畫面，並不是孩子笑容掛在臉上地敲打、搖擺，而是無辜的臉蛋上掛著無奈的表情。

兒子站在角落，無精打采地敲著木琴。

一個學習階段結束後，我便問兒子：「你喜歡打擊樂嗎？你還要繼續參加嗎？」

果不其然，兒子堅決地搖頭，說：「不要。」

每個孩子都不同啊，我怎麼會忘了呢？

兒子從小便討厭噪音，連搭公車時，車門開開關關的ㄑ一般的聲音，他都能狂哭不停。我只好在車門開關之際，先摀住他的耳朵。

可是，台灣公立學校的音樂教學實在不足，我希望孩子除了學校教育之外，能有更多機會接觸音樂、認識音樂、喜歡音樂的期待，難道就此放棄了嗎？

當兒子上小學一年級時，我打聽到某鋼琴教室，可以試上一堂課。

於是，有一天晚上，我帶著兒子到鋼琴教室，與好幾位各年齡層的小孩，在一間小小的教室裡上課。

一小時結束後，我與兒子步出教室。

我迫不及待地問孩子：「怎麼樣？好不好玩？你還想不想來上呢？」

結果，兒子與上回回答打擊樂班時的答案一模一樣。

兒子毫不留情地回答：「不要。」

難道，兒子不喜歡音樂？這絕對是不可能的。因為兒子從小喜歡輕柔的音樂，有時我們到一些美式餐廳吃飯，爵士樂繞梁時，兒子還會主動分享：「這種音樂好好聽。」

所以，究竟是什麼原因，使孩子拒絕鋼琴課呢？

「你看，那鍵盤黑黑白白的，可以彈出不同的聲音，是不是很好玩？」

「還不錯啦。」

我忽然想起兒子跟我一樣，我們都不喜歡狹窄、低壓的空間，於是，我問兒子：

「你是不是不喜歡在那間教室學鋼琴？」

兒子點頭。

「那麼，我們請老師來我們家教鋼琴，好嗎？」

兒子再度點頭。

這是孩子第一次主動點頭答應要學音樂。

而這也開啟了鋼琴老師來家裡教鋼琴的九年音樂學習之路。

第一天，我先與老師談，說明清楚為什麼我們家孩子要學鋼琴。

「老師，我希望孩子懂音樂，讓他在學校遇到音樂課時，不會像我一樣被嘲笑。我希望孩子喜歡音樂。希望鋼琴可以陪伴他，成為他休閒生活的一部分。我們沒有要讀音樂系，也沒有要檢定，更沒有要表演。我只是希望他開心地學鋼琴。」

之後，我偶爾在一旁聽老師授課，真是趣味橫生。

一下這是爸爸生氣的聲音，一下那是大象走出森林的聲音，孩子也上得興致勃勃。

可是上課時的歡樂，並無法延續到下課後的練習。

為了貫徹當初說得信誓旦旦的「快樂學鋼琴」的約定，我們讓孩子自己決定什麼時候、要花多少時間練習。

結果，兒子總是在老師要來上課之前的半小時，突然從房間衝出來，然後跳上鋼琴座位，在練習半小時之後，等老師駕臨。

之旅。

老師也只能苦笑地告訴我：「雖然彈得不熟練，但是，他都彈對。」

這樣每週上一小時的課，練習半小時，兒子一直學鋼琴學到國三。

雖然，他一首曲子都彈不完，倒是從來沒有說過不想學。

老師也從未婚到結婚，乃至懷孕，因為要生產帶小孩了，兒子才被迫停止了學琴之旅。

鋼琴被涼涼地擱在客廳一角，兒子偶爾會去彈彈，增加點溫度。

到大二的暑假，兒子卻突然主動打電話給鋼琴老師。

「老師，你還記得我嗎？這個暑假，你可以再來教我鋼琴嗎？」

兒子的舉動著實嚇我一跳，可惜老師已搬家到台北。

隨後我們在社區另外找了一位鋼琴老師，繼續他未竟的鋼琴學習之旅。

兒子後來當替代役時，每次回家都會彈鋼琴，我們聽得出他的琴藝進步神速。

一回，我在洗澡時，突然聽到理查・克萊德門〈夢中的婚禮〉的琴聲揚起。

我趕緊衝出浴室，沒想到，這首曲子，竟然真的出自我兒子雙手齊彈下的琴鍵。

原來，在小學當替代役時，不睡午覺的兒子，找了學校的音樂老師，繼續學鋼琴。

當年，我希望孩子懂音樂，確實音樂課對兒子來說，從來都不是困擾，兒子還經常成為教同學吹直笛的小老師。

我希望孩子喜歡音樂，而當我看著他隨各種樂曲，翩翩起舞時，我知道音樂的靈魂已是他生活的一部分。

我不要吃藥

「台灣現在的教育，根本只是要學生安靜，不管小孩怎樣學習。教育是要用各種方法，教小孩懂，不是要小孩安靜。」

如果，跟孩子聊天兼玩耍，是我緊張的看診生涯中的喘息，那一天與小齊的會談，我鼻息間應是聞得滿地雀躍的花香，還加上一點頑皮的麝香味。

身為大人，要與小小孩對話，只需起個頭。小小孩容易卸下心防，嘴巴一張，舌頭彈動如打開水龍頭般，嘩啦嘩啦，家裡的、學校的、父母不想讓人知道的祕密……

通通一瀉千里，暢流個痛快。

但是，遇到十歲以上的孩子，尤其是上國中之後，青春期的大孩子。他們見到大人，頭一擺，眼一斜。我們往往如打膠著戰，問一句，答一句，氣氛凝結。我總得透過旁敲側擊、稱兄道弟、曉以大義、溫情加耍酷之後，如慢火溫清酒般，才能緩緩開啟與大孩子互動的大門，被邀請進入他的心房。

不過，小齊，今年十三歲，卻是位讓人驚豔連連的孩子。他完全沒有青春期的彆扭，他一再讓我拍案叫絕了好幾回。

母親帶小齊來看診，是因為老師向家長抱怨：「小齊經常打斷我上課，我說東，他硬要插話說西，不然就是問些與考試無關的問題。我有進度的壓力，他的行為已經影響到上課的秩序。」

小齊忙不迭地解釋：「我只是上課時和老師辯論，像春秋時的晏嬰啊。老師可以像齊景公一樣跟我對話啊。幹嘛生氣？」

我啞然失笑，還真是遇到抬槓大王了，現在去哪裡找到這種古典的現代小孩啊，竟然舉「晏嬰」為例。

「你知道嗎？晏嬰之所以是晏嬰，是因為遇到齊景公，就像魏徵之所以能流芳萬世，是因為遇到賢君李世民。只怕你們老師不是齊景公，所以，你也當不了晏嬰，我看你沒有被砍頭，就要慶幸了。」

小齊毫不示弱，繼續嗆聲老師：「台灣現在的教育，根本只是要學生上課乖乖聽講，保持靜悄悄。教育，不是叫小孩安靜，不要講話，而是老師要用各種方法，教導我們，否則老師就不配在九月二十八日過教師節。」

哇！這孩子隨便幾句話，即命中台灣教育的死穴。不過，這番論調，恐怕老師肚量再大，也難以消受。

小齊媽媽說小齊不僅上課講話干擾上課，還會伸懶腰，甚至站起來走動。

我等著聽小齊再度發表高論。

「我們這種愛動來動去的小孩，才是主流，好不好？不愛動的是少數。我相信大部分的同學都想站起來動一動，大家不敢，只是怕老師處罰而已。

「上課真的很無聊，我坐不住、聽不下去了，站起來走一走，才能專心啊。這是我幫助自己專心的方法。老師到底是要我專心聽課，還是不要動？兩者取其一，哪一種比較重要？」

我很清楚老師的答案只有一個，就是要你專心聽課，同時不要動來動去。

小齊為了能符合老師的要求，曾經服用了兩年過動兒的藥。吃藥後，真的比較會安靜上課，但是，他後來拒絕繼續吃藥。

他說：「吃藥，是控制你的身體，讓你沒有辦法動、懶得動，不是會變專心，是會變得很懶、很累，懶到什麼事都不想做，累到像是中風一樣。」

我第一次聽到小孩把吃藥後的不適感，形容成中風。他奇葩式的想像力，真是無所不在，無所不能啊。

老師還抱怨小齊下課時與同學互動會罵髒話，擔心會影響他的人際關係。

我問小齊是罵什麼髒話，罵三字經嗎？

他急忙否認：「我不會罵『嗯嗯嗯』（他竟然連三字經的字眼，都用「嗯」來代替！），我是罵『靠么』。『靠么』算髒話嗎？」

我想起我家先生連筷子不小心掉到地上，也常會隨口說「靠么」，所以，實在很難認定這是一句髒話。

「沒有同學會因為我罵靠么，就不跟我玩。有趣比較重要。死板板的人，才會交不到朋友。大家都喜歡有趣、好笑的人，所以我有許多好朋友。

「有幾個同學，嫌我吵，只要我一講話，他們就會喊：『不要講話！』這些叫我不要講話的人，考試有考得多好嗎？沒有嘛，結果都只考五、六十分。只會死讀書，沒有用的。」

小齊的學業成績雖非名列前茅，但也在班上前十名。

「我喜歡社會、生物，最討厭數學，因為那個老是不准我說話的導師就是教數學的。他看我不順眼，我當然也看他不順眼，以眼還眼而已。

「我很用功，可是，讀到要爆肝，也救不了數學。我的數學還是考得超級爛。老師教數學的時候，講得很簡單，都是基本題，但月考題目，卻是變來變去。我看變到連媽媽自己都不認識它了。」

聽到這裡，我已經笑到前俯後仰，從哪裡跑出個「數學題目的媽媽」來了。這孩子的聰明伶俐，恐非一般大人招架得了的。

望著小齊的母親，看得出是一輩子循規蹈矩，盡心盡力做好每一個角色，溫柔和善的女人。當她遇到小齊，會有捉襟見肘的窘困，也是意料中的事了。

「家裡有其他的兄弟姊妹嗎？」

我想，兄弟姊妹間，年齡相近，比較容易溝通，或許可以稍微彌補父母對小齊的不知所措。

等不及母親回答，小齊先答了：「我是我們家第一個小孩，也是到目前為止唯一的小孩，我想應該也是最後一個了吧。對不對？媽媽。」無奈的媽媽，苦笑地點頭。

「這樣啊。難怪你說在家裡很無聊，還是上學好玩。

「要爸爸媽媽陪你運動、打籃球，可能有困難，不過，也許平日在家，可以進行三個人能玩的活動，像玩桌遊之類的。這樣可以嗎？」

「我媽媽不知道什麼是桌遊。」

「沒關係啊。你可以教媽媽啊。」我幫媽媽答腔。

不料小齊卻說：「要我媽媽學玩桌遊？嗯……可能下輩子吧。」

「我覺得我上課已經夠專心了，只要能讓我起來走一走，我會更專心。

「我有很多好朋友，沒有朋友說我不禮貌，不跟我玩。

話。

「老師不瞭解我，沒有關係。可是，媽媽，你要瞭解我，好嗎？」

小齊說這一段話時，表情不再眉飛色舞，是這一整個下午，唯一沉甸甸的一段對話。

與小齊和他的母親道別時，小齊仍然不忘回頭，高高伸出右手與我擊掌：Give me Five!

希望小齊母親能牢記臨走前，我告訴她的一段話：「請好好保護小齊能言善道的能力。雖然現在小齊被老師嫌棄，但長大以後，會是他與眾不同的最大亮點。」

【附錄】
親愛的孩子

那一年，我的孩子第一次單獨離家。他北上讀書。

當母親的我，千言萬語，沒能說太多。只能化為文字，叨叨絮絮。盼能縈繞孩子耳際，久久不散。

親愛的孩子：

望著你北上離去的背影，這一回不只有不捨，還有許多的忐忑。

你知道，我不喜歡嘮叨。我盡量避免一再叮嚀自以為重要的話。我瞭解說多了，年輕人只會覺得不耐煩，從不會因此就牢記在心。於是，我把話留在嘴邊，夜裡夢中或自己獨處時，在心裡反覆翻攪，腦中不斷湧出、叨唸著。

想寫這樣一封信給你，已經想了一段時間。你瞭解我的臭屁，我從不擔心自己的文筆詞不達意，但是要寫這樣一封信給你，我真的躊躇不前，久久無法下筆。

孩子，我希望你真懂我的心。如果讀了，心有疑竇處，不要拘泥於字義，只要想想你瞭解的我，用你瞭解的我，來讀我寫給你的信。

當昨天我們告訴你，不要答應任何陌生人要求的任何協助時，我是既點點頭，又想搖搖頭。

我望著你彷彿懂得，似又惶惑的眼神。

孩子，我自己常常雞婆到讓你受不了。

路上看到老先生提菜籃，提不動，就要你過去幫忙提；看那拾荒的老婆婆，推著堆滿厚紙、鐵罐的推車，推不動了，就要路邊停車，下車幫著推；只要聽到孩子的哭聲，就要趨前問個究竟……

這樣的我，卻必須教你：不要答應任何陌生人要求的任何協助。我內心何嘗沒有矛盾呢？我該如何教你既要伸手幫忙無助的陌生人，又不會被欺騙，甚至被陷害呢？

當你說：再給你半年，你就會不一樣，就會變得看起來更兇狠時，我既想點點頭，又要搖搖頭。

孩子，我珍愛你的善良，我相信你打從心底發出的善良，使你有著非常誠懇的神韻，那是世間難得的寶。

我相信你可以繼續保有你難得的真誠與慈善，只要因著你的智慧與歷練，便能分辨他人的目的，你可以藉此決定你的反應行動。你常有超乎我想像的行動與回應，這是你依自己的本性與後天的學習，所凝聚的能力。它雖有一些刻意雕塑的鑿痕，但是它更顯現的是——那就是你，那常讓我仰天大笑或嘴角含笑的你。

讓你獨自面對外面的世界，很像昨天我們看的《阿凡達》。

當阿凡達第一次掉到潘朵拉星球時，他必須學習如何在這充滿危險的星球生存。

我們的內心有許多你無法理解，也覺得沒有必要的擔憂，但是又知道非讓你去不可，因為我們不可能守護你一輩子。

我們自然祈禱你會一路上碰到許多好心的「納美人」，可以教你、帶領你，與你為伴，甚至遇到「奈蒂莉」。就像你的國中、高中，你遇到許多有情有義的好友。我們常因此為你感到慶幸，也祈望老天爺繼續眷顧你，讓你可以體會潘朵拉星球的美麗與純真。

孩子，好難，真的好難。

我希望你接近良善，但又不會受蠱惑；我希望你可以席地而坐、大口喝酒、大口吃肉，可是並不粗暴；我希望你能三教九流、四海皆兄弟，可是並不流氣粗俗；我希望你相信人皆有善念，可是卻不會被包裝著利欲內裡的表面良善所矇騙；我欣賞你的重情義，卻希望你能一點也不遺憾地捨得拒絕；我希望你去嘗試你未嘗試過的經驗；我欣賞你凡事新鮮、凡事好奇、凡事蠢蠢欲動的無所忌，但是又希望你懂得保護自己，無論肉體或心靈，均不會受傷。

孩子，我好想把我已流過的淚、滴過的汗、傷過的心，所換來的一點生命經驗全部給你，但是，我終究只能站在一旁，心擰著，看著你走你人生的路。只能站在這裡，讓你知道，我隨時都在，永遠都在。

國家圖書館預行編目資料

帶孩子到這世界的初衷：李佳燕醫師的親子門診／李佳燕著. --初版. --臺北市：寶瓶文化, 2018. 05　面；　公分. --（catcher；093）
ISBN 978-986-406-121-1
1. 親職教育 2 . 親子關係3. 青少年問題4. 心理諮商
528. 2　107007609

Catcher 093

帶孩子到這世界的初衷——李佳燕醫師的親子門診

作者／李佳燕 醫師
副總編輯／張純玲

發行人／張寶琴
社長兼總編輯／朱亞君
資深編輯／丁慧瑋　編輯／林婕伃
美術主編／林慧雯
校對／張純玲・陳佩伶・劉素芬・李佳燕
營銷部主任／林歆婕　業務專員／林裕翔　企劃專員／李祉萱
財務／莊玉萍
出版者／寶瓶文化事業股份有限公司
地址／台北市110信義區基隆路一段180號8樓
電話／(02) 27494988　傳真／(02) 27495072
郵政劃撥／19446403　寶瓶文化事業股份有限公司
印刷廠／世和印製企業有限公司
總經銷／大和書報圖書股份有限公司　電話／(02) 89902588
地址／新北市新莊區五工五路2號　傳真／(02) 22997900
E-mail／aquarius@udngroup.com

法律顧問／理律法律事務所陳長文律師、蔣大中律師
如有破損或裝訂錯誤，請寄回本公司更換
著作完成日期／二〇一八年二月
初版一刷日期／二〇一八年五月三十日
初版九刷日期／二〇二三年十一月二十八日
ISBN／978-986-406-121-1
定價／三二〇元

AQUARIUS 寶瓶 文化事業

愛書人卡

感謝您熱心的為我們填寫，
對您的意見，我們會認真的加以參考，
希望寶瓶文化推出的每一本書，都能得到您的肯定與永遠的支持。

系列：Catcher 093　書名：帶孩子到這世界的初衷——李佳燕醫師的親子門診

1. 姓名：＿＿＿＿＿＿＿＿ 性別：□男 □女

2. 生日：＿＿＿年＿＿＿月＿＿＿日

3. 教育程度：□大學以上 □大學 □專科 □高中、高職 □高中職以下

4. 職業：＿＿＿＿＿＿＿＿

5. 聯絡地址：＿＿＿＿＿＿＿＿＿＿＿＿＿＿＿＿

聯絡電話：＿＿＿＿＿＿＿＿ 手機：＿＿＿＿＿＿＿＿

6. E-mail信箱：＿＿＿＿＿＿＿＿＿＿＿＿

□同意 □不同意 免費獲得寶瓶文化叢書訊息

7. 購買日期：＿＿＿年＿＿＿月＿＿＿日

8. 您得知本書的管道：□報紙／雜誌 □電視／電台 □親友介紹 □逛書店 □網路 □傳單／海報 □廣告 □其他

9. 您在哪裡買到本書：□書店，店名＿＿＿＿＿＿ □劃撥 □現場活動 □贈書 □網路購書，網站名稱：＿＿＿＿＿＿ □其他＿＿＿＿＿＿

10. 對本書的建議：（請填代號 1. 滿意 2. 尚可 3. 再改進，請提供意見）

內容：＿＿＿＿＿＿＿＿

封面：＿＿＿＿＿＿＿＿

編排：＿＿＿＿＿＿＿＿

其他：＿＿＿＿＿＿＿＿

綜合意見：＿＿＿＿＿＿＿＿＿＿＿＿＿＿＿＿＿＿

11. 希望我們未來出版哪一類的書籍：＿＿＿＿＿＿＿＿＿＿＿＿

讓文字與書寫的聲音大鳴大放

寶瓶文化事業股份有限公司

（請沿此虛線剪下）

廣　告　回　函
北區郵政管理局登記
證北台字15345號
免貼郵票

寶瓶文化事業股份有限公司收

110台北市信義區基隆路一段180號8樓
8F,180 KEELUNG RD.,SEC.1,
TAIPEI.(110)TAIWAN R.O.C.

（請沿虛線對折後寄回，或傳真至02-27495072。謝謝）